CRÉDITO, INVERSIÓN Y POLÍTICAS EN EL PERÚ ENTRE LOS SIGLOS XVIII Y XX

Alfonso W. Quiroz

Crédito, inversión y políticas en el Perú entre los siglos XVIII y XX

Banco Central de Reserva del Perú

IEP
Instituto de Estudios Peruanos

Serie: Historia Económica, 30

Antonio Miró Quesada 441-445, Lima 1
Telf.: (51-1) 613-2000/Fax: (51-1) 613-2552
www.bcrp.gob.pe

Horacio Urteaga 694, Lima 11
Telf.: (51-1) 332-6194/Fax: (51-1) 332-6173
www.iep.org.pe

ISBN: 978-9972-51-629-0
ISSN: 2071-4246

Impreso en Perú

Primera edición: mayo de 2017
1000 ejemplares

Hecho el depósito legal en la Biblioteca Nacional del Perú: 2017-05672

Registro del proyecto editorial en la Biblioteca Nacional: 31501131700527

Asistente de edición: Yisleny López
Corrección de textos: Daniel Soria
Diagramación: Gino Becerra
Diseño de portada: Gino Becerra
Cuidado de edición: Odín del Pozo

QUIROZ, ALFONSO W.
Crédito, inversión y políticas en el Perú entre los siglos XVIII y XX. Lima, IEP; BCRP, 2017. (Historia Económica 30)

W/05.01.01/H/30

1. HISTORIA ECONÓMICA; 2. FINANZAS; 3. SIGLO XVIII; 4. BANCO CENTRAL; 5. SIGLO XIX; 6. SIGLO XX; 7. IGLESIA CATÓLICA; 8. PERÚ

RUE
DES ARCHIVES

"En este estudio me ha guiado la convicción de que es necesario sentar bases para que la investigación especializada complemente y critique algunas de las generalizaciones históricas que hoy son verdades aceptadas, con la esperanza de que las tendencias renovadoras de la historiografía sobre el Perú puedan avanzar sobre terreno más fértil".

Alfonso W. Quiroz, Introducción a *La deuda defraudada: consolidación de 1850 y dominio económico en el Perú*, 1987.

Contenido

Prefacio del editor

En este volumen hemos reunido varios artículos de Alfonso W. Quiroz Norris, uno de los más notables historiadores peruanos, desaparecido prematuramente el año 2013. Alfonso trabajó el tema de las finanzas peruanas en un arco temporal que fue desde el siglo XVII hasta mediados del siglo XX. Fruto de ello fueron sus libros: *Deudas olvidadas: instrumentos de crédito en la economía colonial peruana, 1750-1820* (1993); *La deuda defraudada. Consolidación de 1850 y dominio económico en el Perú* (1987); *Banqueros en conflicto. Estructura financiera y economía peruana, 1884-1930* (1989) y *Domestic and Foreign Finances in Modern Peru, 1850-1950* (1993), que citamos sobre todo por el orden de la cronología histórica de los temas antes que por la fecha de aparición de los libros.

Algunos aspectos puntuales o derivados de sus trabajos aparecieron, sin embargo, como artículos de revistas académicas o como capítulos dentro de libros que compilaban diversos estudios y autores en torno a un tema. En este libro hemos compilado seis estudios de Alfonso Quiroz sobre las finanzas peruanas que, al haber sido publicados en revistas o libros del extranjero, volvieron difícil su difusión entre los lectores peruanos. Uno de los estudios se refiere al rol de la Iglesia en las finanzas coloniales; otro enfoca el papel de la capital de la república como plaza financiera en un prolongado ciclo temporal, que va desde mediados del siglo XVIII hasta finales del XX; un tercer artículo emprende un balance de las consecuencias económicas de la Independencia, de obvio interés ahora que se aproxima la conmemoración de su bicentenario. Los tres estudios siguientes enfocan las finanzas republicanas y el papel cumplido en ellas por la banca privada y estatal. Hemos añadido al conjunto un estudio sobre Cuba, un país cuya historia fue profusamente investigada por Alfonso en los últimos veinte años de su fructífera vida. La intención de ello es mostrar otra faceta del trabajo de nuestro querido colega, que desentraña un tema como la reforma de la educación, de trascendente interés para los peruanos.

Tuvimos la idea de este libro hace algunos años, cuando Alfonso estaba todavía entre nosotros. Fatalmente, su enfermedad impidió concretarlo en ese momento. Al hacerlo ahora cumplimos con la intención de esta colección, que es poner a disposición de la comunidad académica el conocimiento más acabado y reciente de nuestra evolución económica, a la vez que rendimos homenaje a un brillante cultor de nuestra historia económica. Agradecemos a los editores de los libros y revistas donde aparecieron originalmente estos textos, por haber aceptado su inclusión en esta publicación, a Paula Castillo, por haber reconstruido algunos de los gráficos de los artículos. Muy especialmente agradecemos a Mónica Ricketts, esposa de Alfonso y profesora de historia colonial en la Universidad de Temple en los Estados Unidos, por habernos apoyado enviándonos copias de los artículos y haber colaborado diligentemente en la corrección de las pruebas y, sobre todo, por haber escrito la emotiva y magnífica semblanza sobre la vida y obra de Alfonso, que colocamos en el umbral de este libro.

Carlos Contreras Carranza
Lima, diciembre de 2016

Alfonso W. Quiroz:
la pasión por la investigación y la historia

Mónica Ricketts

Alfonso nació en Lima el 4 de octubre de 1956, bajo la protección de San Francisco de Asís. Fue el primer hijo de un matrimonio joven y breve. Su padre, don Alfonso Quiroz Muñoz, un inmigrante de Cajamarca, inteligente y talentoso, destacó en el Colegio Guadalupe de Lima, estudió en la Universidad de San Marcos, ascendió como profesor de ingeniería química y ganó una beca del gobierno norteamericano para estudiar una maestría en Ciencias Alimentarias en el Instituto Tecnológico de Massachussets en Boston, culminando su carrera profesional en Puerto Rico como gerente general de la Coca Cola para el área del Caribe. Un viajero incansable, don Alfonso padre llevó a su hijo por doquier, dejando entre sus más gratos recuerdos el olor y los sonidos de la selva peruana al acostarse. Su madre, doña Edith Norris Zanelli, fue una mujer luchadora y excéntrica, hija de un marino mercante inglés y una señora chilena de padres sicilianos, con un don maravilloso para la cocina y un amor infinito por su nieto Alfonso. En la pacata Lima de los años sesenta y setenta, Edith se labró sola una exitosa carrera en los negocios, y tras una vida intensa pasó sus últimos años en una playa al sur de Lima, rodeada de perros, gatos, monos mimados y de cuanta persona se acercara a pedirle ayuda.

A los cinco años, Alfonso ingresó al colegio Markham, una escuela británica excelente pero competitiva y estricta, que acogía a los hijos de los ingleses y norteamericanos afincados en Lima, así como a los niños de élite de la ciudad. Muchos años más tarde, criando a su hijo Alfonsito como hispanohablante en Nueva York, Alfonso recordaba con pesar esos primeros días en el colegio, cuando no podía entender una sola palabra de lo que se decía en aquellas aulas inglesas. Muy pronto superó ese primer trauma y habló inglés perfectamente, pero siguió siendo un niño tímido que se sentía un poco distinto a la mayoría de sus compañeros, pues no era ni rico ni de élite, pero sí era uno de los poquísimos hijos de padres divorciados.

De muy niño, su madre lo matriculó en cursos de natación y Alfonso muy pronto se volvió un gran deportista. Le encantaba competir y la natación era su pasión. Viajó por Sudamérica con su club, acumuló medallas y batió récords. Alfonso siempre quiso ser y siempre fue el mejor alumno. Obtuvo las calificaciones más altas entre sus compañeros y muchos esperaban que en la ceremonia final de graduación del colegio consiguiera el primer premio. Pero cuando llegó el gran día, el premio se lo llevó otro, un chico con menos calificaciones, pero con mejor apellido. Si hay momentos que nos cambian la vida, ese debió ser uno para Alfonso.

A los 17 años, Alfonso ingresó entre los primeros puestos a la Pontificia Universidad Católica, en Lima. Eran años convulsos en el Perú. Tras un fallido gobierno reformista y populista de derecha que terminó diezmando brutalmente a una guerrilla en la selva, gobernaba el general Juan Velasco Alvarado. Su plan revolucionario de reestructuración se encontraba en plena marcha. Muchos lo seguían, otros lo temían y unos cuantos buscaban un espacio distinto, reformista y comprometido, pero menos rígido y más tolerante. Alfonso se unió así a un pequeño grupo trotskista de poetas y profetas que soñaban con cambiar el mundo, pero que se aseguraban de disfrutarlo mientras tanto. En las reuniones clandestinas que organizaban para discutir principios ideológicos, algunas veces en la oficina de su madre, Alfonso era el encargado de las "mociones de orden", pues le encantaban las reglas y los principios. Aprendieron a organizarse para repartir panfletos en las fábricas y celebrar sus pequeñas victorias con grandes jaranas. Una de esas noches, en una contienda de pulseo en un bar del centro de Lima, uno de los comensales preguntó quién era aquel chico que había logrado derrotar a todos los presentes. El ganador dijo con orgullo: "Alfonso Quiroz", y el señor le respondió: "Como Chachi Quiroz", joven corredor de autos de familia encumbrada, y el señor añadió: "Entonces eres Chachi Quiroz". Desde ese día y para sus amigos, Alfonso siempre fue "Chachi".

En 1974, Augusto Arzubiaga, un amigo del colegio y compañero de universidad, hijo de diplomático, invitó a Alfonso, Marcos Cueto, Luis Torrejón y Juan José Beteta a un viaje especial de dos semanas a la Cuba revolucionaria. El Gobierno peruano acababa de restaurar relaciones con la isla, cuyos líderes ansiaban mostrar las bondades de su sistema. Al llegar, estos cinco amigos se convirtieron en una suerte de delegación que fue recibida por las brigadas juveniles y tratados como emisarios de la revolución peruana. Los alojaron en el mismo hotel en el que había estado Jorge Edwards; al igual que el escritor chileno, pronto se dieron cuenta de que los espiaban, y se dedicaron a soñar en voz alta con libros y licores que ansiaban conocer y que sorprendentemente recibían a la mañana siguiente. En una noche memorable, durante un encuentro con jóvenes revolucionarios en el campo y azuzados por varias rondas de buen ron, le tocó el turno a la poesía comprometida. Cada quien debía elegir un poema con mensaje y declamarlo. Para estupor de todos, Alfonso escogió el "Arte Poética 1", de Antonio Cisneros, que decía así:

Un chancho hincha sus pulmones bajo un gran limonero
mete su trompa entre la Realidad
—que es cambiante—
se come una bola de Caca
—dialécticamente es una Caca Nueva—
eructa
—otra instrumentalización—
pluajj
otro premio

Pocas cosas podían intimidar a Alfonso, y las brigadas revolucionarias no se contaban entre ellas.

Preocupado por el destino político de su primogénito, don Alfonso padre invitaba frecuentemente a su hijo a Puerto Rico y lo veía llegar siempre con unas maletas pesadísimas, llenas de libros. Muchas veces viajaron juntos por Europa, acampando por ahí. Solo el amor de padre podía tolerar el que Alfonso siempre desapareciera en el horizonte del mar nadando sin cesar, o en las noches cuando hacía nuevos amigos en los bares y se conectaba con brigadas trotskistas y volvía a desaparecer, como en el País Vasco de los años setenta.

Y a la vez que vivía y gozaba, Alfonso leía y estudiaba intensamente. Al poco tiempo de ingresar en la universidad se decidió por la historia, una carrera que suscitó el horror de su madre, pues esta decisión echaba por tierra sus proyectos de tener un hijo con fama y fortuna. Pero este deportista empeñoso que viajaba todas las mañanas a la universidad en su moto, llevando y trayendo compañeros, se abrió un camino solo en esta profesión y se ganó rápidamente la admiración y dedicación de los tres profesores más importantes de esos años: Franklin Pease, Heraclio Bonilla y Alberto Flores-Galindo. Fue cercano colaborador y aprendió de los tres, pero supo emprender su propio camino.

Con un gran talento para los números, Alfonso se dedicó a la historia económica. Era una de las disciplinas nuevas y metodológicamente más innovadoras en esos años, sobre todo en la historiografía anglosajona, que le era tan afín. Sin necesidad de decirlo, Alfonso se consideró siempre un historiador comprometido que concebía su trabajo como una contribución a un fin mayor, a entender un problema urgente y tratar de remediarlo. Entre los grandes retos del Perú en el siglo XX sobresalían la deuda y la inestabilidad financiera. Eran problemas que no solo agobiaban a las clases dirigentes, sino a todos, especialmente a los más pobres. Y así, Alfonso buscó un momento excepcional y emblemático en esta historia, la consolidación de la deuda interna en la era del guano.

En 1980 Alfonso presentó su tesis de bachillerato "La consolidación de la deuda peruana, 1850-1858", que mereció la nota de sobresaliente. Pocas tesis y mucho menos las de bachillerato muestran un trabajo de archivo tan amplio, un análisis tan minucioso y una redacción tan pulida. Alfonso estudió al detalle los mecanismos que se utilizaron en el proceso de consolidación de la deuda interna, cuando se desperdició una verdadera fortuna que hubiera podido crear un mercado de capitales y cimentar un desarrollo económico de largo plazo. Este primer trabajo marcó la pauta de lo que fueron sus intereses principales en el quehacer historiográfico: el desarrollo o subdesarrollo económico, la debilidad de las instituciones financieras y políticas, y la corrupción.

En 1980, al poco tiempo de defender su tesis de bachiller, Alfonso partió a Nueva York, pues había sido aceptado por la gran Universidad de Columbia para estudiar un doctorado en historia con el profesor Herberth H. Klein, quien lo acogió encantado por sus muchos talentos. Muy pronto se ganó también el cariño y la dedicación del brasileñista Kenneth Maxwell, cuyos estudios sobre las reformas borbónicas portuguesas y el marqués de Pombal lo influyeron mucho. Y como no podía ser de otra manera, Alfonso se enamoró perdida y eternamente de Nueva York, una ciudad maravillosa que lo ofrecía todo y que por entonces vivía un torbellino de emociones, pues a los pocos meses de su llegada un loco había asesinado a John Lennon.

Como estudiante, Alfonso vivió en un apartamento con amigos de todas partes, estudiantes de derecho y ciencias, tranquilos unos, heroinómanos y grandes cocineros otros, pero amigos todos. Alfonso tenía una necesidad enorme de hacer amigos, algo difícil en una ciudad tan ingrata para las relaciones duraderas como aquella, pues, como él decía, Nueva York no es sino una gran puerta giratoria. Y mientras hacía amigos nuevos, Alfonso nunca olvidó a sus antiguos camaradas, y luchó para que obtuvieran también becas en la Universidad de Columbia. A los pocos años se reunió con sus queridos Marcos Cueto y Antonio Zapata. También tuvo la suerte de coincidir con su gran amigo Raúl Renato Romero, a quien acompañaba a los bares de *jazz* y salsa remotos del Bronx, y con Ramiro Llona, a quien visitaba en su estudio del East Village en un Mercedes antiquísimo cargado de amigos. Alfonso acogió también a su queridísimo profesor, Alberto Flores-Galindo, cuando un cáncer terrible lo llevó a Nueva York. Siempre recordaba las visitas que hacían juntos al Museo Metropolitano, el patio español que tanto le gustaba y los pollos a la brasa que solían comer.

Como sus amigos lo han dicho tantas veces, Alfonso era incansable. Durante su investigación para la tesis doctoral que llevó el título de "Financial Institutions in Peruvian Export Economy and Society, 1884-1930" y la posterior corrección del manuscrito, Alfonso trabajó la historia colonial financiera del Perú, un tema dificilísimo que estudió con gran paciencia y meticulosidad. Como sus esfuerzos no tenían límites, Alfonso comenzó esta labor estudiando la expropiación a los bienes de los conversos. En 1986 publicó un artículo pionero en la revista *Histórica* bajo el título "La expropiación inquisitorial de cristianos nuevos portugueses en los Reyes, Cartagena y México, 1635-1649". Luego siguió estudiando los mecanismos de deuda y préstamos en el ámbito eclesiástico, a través de los censos y obras pías, un mundo enredadísimo en el que reinan las excepciones y parecen no existir reglas generales.

En 1986, en el tiempo récord de poco más de cinco años, Alfonso terminó su tesis doctoral mientras enseñaba como profesor asistente en Bowdoin College, en el estado de Maine. Y ese mismo año, en plena crisis económica en Estados Unidos y cuando se ofrecían muy pocos puestos para profesores de historia, Alfonso fue contratado por Baruch College, CUNY, la universidad de la ciudad de Nueva York. Era un puesto tan reñido como mal pagado, pero que le permitía vivir en la ciudad de sus sueños y enseñar en la escuela con mayor diversidad étnica y cultural de los Estados Unidos. Alfonso fue un profesor muy dedicado y exigente, pero con un carisma especial para los chicos. Los alegraba con bromas y siempre estaba dispuesto a ayudarlos y darles una segunda oportunidad cuando los veía flaquear. Al poco tiempo de iniciar su carrera en Baruch, Alfonso fue promovido a enseñar en el Centro de Estudios Graduados de CUNY, que le permitió asesorar a estudiantes doctorales a los que quería muchísimo. Ir a enseñar implicaba una preparación especial para él: se vestía con cuidado, se preparaba mucho y sufría a la par cuando alguno de sus estudiantes defendía su tesis o daba exámenes. Un día apareció en clase disfrazado de notario público del siglo XVI, ¿por qué no? Era Halloween, su fiesta preferida desde niño.

Pese al gran esfuerzo que implicaba labrarse una carrera en Estados Unidos, que demandaba publicaciones en inglés, Alfonso no olvidó su compromiso con el Perú y publicó su tesis de bachiller bajo el título de *La deuda defraudada: consolidación de 1850 y dominio económico en el Perú* en 1987. Dos años después publicó su investigación doctoral, primero en el Perú bajo el título de *Banqueros en conflicto: estructura financiera y economía peruana, 1884-1930*, y en 1993, *Deudas olvidadas: instrumentos de crédito en la economía colonial peruana, 1884-1930*. Y ese mismo año vio la luz en inglés su trabajo doctoral bajo el título de *Domestic and Foreign Finance in Modern Peru, 1850-1950: Financing Visions of Development*.

Durante estos años de intensos trabajos, Alfonso tuvo un matrimonio breve y una hija que fue su gran orgullo. La bautizó en la catedral de Sevilla con el nombre de Daniela Irene de los Reyes y la llevó consigo a donde pudo. Su productividad académica no cesó. En 1989 Alfonso obtuvo una beca como Senior Associate Member en St. Anthony's College de Oxford, que se volvió la otra ciudad de sus sueños. En noviembre de ese mismo año llegó a una conferencia a Berlín Occidental para iniciar una estadía de un año financiada por la fundación Alexander von Humboldt. Allí de pronto, en una tarde de reuniones, los estudiantes y profesores presentes se enteraron de que se abrían los controles del Este. Todos, Alfonso entre ellos, corrieron a unirse a las celebraciones y hacerle grandes huecos a ese muro abominable. En la euforia del Berlín del noventa, y como muchos latinoamericanistas, Alfonso se puso a pensar en el futuro de Cuba y decidió volver a la isla y estudiarla. No pudo escoger un momento más difícil para tal empeño. Al poco tiempo, Alfonso se unió a los supervivientes cubanos del Periodo Especial. Con la disciplina de deportista que siempre tuvo, comía temprano en el hotel una buena dosis de arroz con frijoles, y luego partía para luchar en el archivo y volver feliz por la noche a comer otra ración de arroz con frijoles, que se volvió uno de sus platos preferidos. Los comía rapidísimo llamándolos "Periodo Especial".

Alfonso llegó a conocer muy bien Cuba; viajaba cada vez que podía y trabajó en muchos y diversos archivos de la capital y de provincias. Sus primeras ponencias datan de 1992 y 1993, y tratan los espinosos temas del liberalismo y nacionalismo cubanos. Para entonces Alfonso ya no se consideraba ni revolucionario ni trotskista, sino un liberal demócrata preocupado por los procesos reformistas de apertura y desarrollo. Alfonso además era un cosmopolita, y no creía en los nacionalismos, pues consideraba que engendraban guerras y violencia, llevando inevitablemente al atraso. Creía además que Cuba no podía ser entendida con marcos nacionalistas. Desde su primer viaje a la isla, Alfonso se dedicó a estudiar a los reformistas cubanos, a los liberales, a los forjadores de asociaciones y sociedades civiles, con la esperanza de recuperar un pasado que no aparecía en la mayoría de historias, pero que consideraba de mucha utilidad conocer el día en que Cuba enfrentara un proceso democrático nuevamente. Alfonso también se interesó por la historia de la educación en Cuba y por los mecanismos de control y represión del poder colonial. Su artículo sobre la Guerra de los Diez Años, "The Loyalist OverKill: Socio-Economic Costs of 'Repressing' the Separatist Insurrection in Cuba, 1868-1878", mereció elogios de los mejores especialistas sobre Cuba.

En 1998, la New York Historical Society y la New York Public Library le encomendaron a Alfonso la curadoría de exposiciones conmemorativas por los cien años de la Guerra Hispanoamericana de 1898 que llevaron los títulos respectivos de "Militant Metropolis: New York and the Spanish-American War" y "A War in Perspective: Public Appeals, Memory, and the Spanish American Conflict". Un retrato de Alfonso cuelga aún en los pasillos de la biblioteca pública de Nueva York entre los investigadores renombrados. El suyo está al lado del afamado Arthur Schlesinger Jr., como le correspondía.

Desde 1990 hasta su muerte, Alfonso nunca dejó de investigar, escribir e interesarse por Cuba. Coorganizó en Nueva York dos conferencias sobre dos personajes claves en la historia cubana del siglo XX: el brillante antropólogo Fernando Ortiz y el poeta José Martí, para las que trajo a investigadores cubanos, yendo repetidas veces a la isla a gestionar su salida. Los trabajos se encuentran publicados en dos volúmenes coeditados con Mauricio Font, *Cuban Counterpoints: The Legacy of Fernando Ortiz* (2005) y *The Cuban Republic and José Martí: Reception and Use of a National Symbol* (2006). Su último artículo publicado en vida, "Free Association and Civil Society in Cuba, 1787-

1895", por el *Journal of Latin American Studies* (2011), es uno de los mejores testimonios de su dedicación a ese país y de su labor como historiador, pues revela un trabajo de archivo vasto que abarca distintos repositorios, tanto en La Habana como en provincias. Investigar en Cuba no es tarea fácil, y hacerlo sobre temas de asociaciones libres, menos. Yo acompañé a Alfonso a la isla en 2004, y lo vi pedir permisos y accesos sin cesar y derrotar a sus adversarios con simpatía y por cansancio. Publicar este artículo, como otros, tampoco le fue fácil, por tratar un tema políticamente difícil. Pero él no se cansaba nunca.

Conocí a Alfonso en el año 2001, y desde entonces investigamos y escribimos juntos, y fui testigo de su dedicación y pasión por la investigación. Además de los archivos cubanos, dominaba los archivos de Lima, Madrid y Sevilla. Los archiveros lo conocían y querían mucho. Su meta era siempre llegar primero y salir último. Y gozaba al máximo cuando le tocaban los legajos más enormes. Su predilección eran los procesos judiciales, llenos de versiones encontradas y enredos. Tenía una concentración envidiable y odiaba que lo interrumpieran para salir a tomar café. Solo en Sevilla, donde casi todos los investigadores y funcionarios detenían la jornada a media mañana, logré convencerlo para que saliera un rato. Su mayor orgullo como historiador eran sus fuentes y sus notas, que escribía con un cuidado especial. Y con esta vara solía juzgar los libros de sus colegas.

Tanto en lo personal como en lo profesional, Alfonso rechazaba cualquier intento de encasillarlo. Por eso su trabajo traspasó las fronteras entre lo moderno y lo colonial sin ningún problema. Pese a que sus escritos más conocidos tratan el periodo moderno, Alfonso fue un gran colonialista, y gozaba con las fuentes antiguas. Desde 1991 fue miembro del consejo editorial de la prestigiosa revista *Colonial Latin American Review*, junto a sus amigos Rolena Adorno, Raquel Chang-Rodríguez, Nancy Farriss, Kris Lane y Kenneth Mills. Su mentor y gran amigo, Nicolás Sánchez-Albornoz, a quien solía visitar en su casa de Ávila, lo recomendó con entusiasmo para esta tarea. Alfonso sirvió como editor de la sección de reseñas primero y de números especiales después entre 2008 y 2011. Muestra de su tesón y dedicación como editor es el número especial sobre el poder de las imágenes que publicó en 2010, para el que trabajó casi con desesperación.

Desde sus años como estudiante doctoral hasta 2010, Alfonso visitó constantemente España. Conocía a muchos investigadores, y obtuvo numerosas becas, pues siempre estaba escribiendo propuestas y postulando. Y allí, todos los viernes por la tarde, al terminar la jornada de archivo, Alfonso se aprestaba para salir a pasear. Un día, en los años noventa, se le ocurrió ir a buscar sus remotos orígenes a Asturias, y terminó en Quirós, un valle en un bosque precioso cerca de la ciudad de Oviedo. Llegó de noche y con neblina, pero supo encontrar un bar abierto, y se animó a preguntarles a los presentes si se vendía alguna casa. Un poblador le respondió que sí. A la mañana siguiente, Alfonso fue a ver una casita antigua de piedra, llamada la Cerezal, y la compró. Para llegar a ella había que cruzar un puente precario de madera, subir una colina y decidirse a vivir en la soledad del campo, pero gozando de la maravillosa cocina asturiana y de sus sidras en los pueblos aledaños. Nada le podía caer mejor a un aventurero neoyorkino como él. Pronto se dedicó a construir, instaló un baño, cortó céspedes y cosechó avellanas. Se supo avecindar y se volvió "Alfonso de la Cerezal". Quizás su mayor reto fue superar las sospechas que tenían algunos de los vecinos comunistas de que este neoyorkino tan afanado por conectar su computadora no era sino un agente de la CIA que había llegado para espiarlos. Tras aclarar las sospechas, Alfonso se ganó a comunistas y derechistas, religiosos y ateos. Organizaba partidos de waterpolo, llevaba a su hija de romería a la ermita de Alba y preparaba fiestas con ají de gallina, corderos a la estaca, bailes, brindis y recitales de poesía que no han sido olvidadas. Alfonso siempre fue el alma de las fiestas. Sus amigos de Lima siempre lo esperaban con ansias de divertirse y reconociendo que tenían que esperar la visita de Alfonso para poder bailar.

En el año 2000 Alfonso emprendió su mayor reto como investigador e historiador, escribir una historia de la corrupción en el Perú. Tras el fin del gobierno de Alberto Fujimori, Alfonso decidió volver a trabajar en el Perú con la esperanza de contribuir a reconstruir institucionalmente el país. No le importó el que no existiera una historiografía sobre el tema en la cual apoyarse y el escuchar repetidas veces que no era posible escribir una historia así. Nadie mejor que él podía saber que sí existían las fuentes, que no eran perfectas, pero sí aproximadas y reveladoras. Para este proyecto, Alfonso consultó archivos en el Perú, España, Francia, Inglaterra y Estados Unidos, pues complementó la escasez de evidencias en el país con los observadores extranjeros. Mucho le ayudó su dominio del inglés y francés. Pocos trabajos en la historia latinoamericana han podido contrastar tantas y tan diversas fuentes diplomáticas. Quizás el estudio más famoso en esta línea sea el de Friedrich Katz, *The Secret War of Mexico: Europe, the United States, and the Mexican Revolution* (1984).

Además de los retos metodológicos que tuvo que enfrentar, este libro fue muy difícil de escribir desde un punto de vista personal. Alfonso vivió años pensando y estudiando un tema amargo y duro para cualquier peruano, atormentándose por los hallazgos y cuestionando siempre por qué las cosas no pudieron ser de otra manera. Y a pesar de haber sido un hiperrealista o un realvisceralista, como diría Roberto Bolaño, Alfonso era profundamente optimista e idealista. Por eso escogió como hilo conductor para cada capítulo a un luchador anticorrupción, cuyos esfuerzos fracasaron pero abrieron caminos. En el año 2003, Alfonso recibió una beca por la Fundación Woodrow Wilson que le permitió escribir y discutir su investigación con académicos y políticos comprometidos con estos temas. Ese año obtuvo también una beca por la Fundación Fulbright. En el año 2008 el libro fue publicado en inglés bajo el título *Corrupt Circles: A History of Unbound Graft in Peru* por Johns Hopkins University Press y el Wilson Center. Su trabajo continúa siendo una investigación pionera en la historiografía latinoamericana, que mereció grandes reseñas y elogios de renombrados colegas. También en el año 2008, Alfonso recibió una beca por la Fundación John Simon Guggenheim, y en 2009, en reconocimiento a sus méritos, Baruch College le concedió el premio máximo a la excelencia académica.

En mayo de 2009, Alfonso fue diagnosticado con un sarcoma, un cáncer muy raro y potencialmente muy maligno. Sobrellevó una operación larguísima en la que le extrajeron huesos de la espalda y que lo privó de seguir entrenando y compitiendo con su querido equipo máster de natación peruana, con el que seguía ganando medallas y batiendo récords, así como con su equipo de Nueva York. Pero con su acostumbrado tesón y fuerza, Alfonso se sobrepuso y me acompañó a una beca de investigación en Berlín ese mismo año, en donde se dedicó de lleno a escribir un libro sobre Cuba, que desgraciadamente no pudo terminar. En el año 2010 el cáncer hizo metástasis, y Alfonso tuvo que someterse a un tratamiento de quimioterapia durísimo, que aceptó con una paciencia incomprensible, pero, una vez más, se logró sobreponer. En el año 2011 tuvimos un hijo precioso, Alfonso Martín, al que cuidaba como un halcón, y que lo llenó de felicidad y lo ayudó a vivir un poco más. En su último año de vida, Alfonso siguió investigando y leyendo, supervisó la traducción de su libro sobre la corrupción al castellano, cuidó de su familia y enseñó hasta dos semanas antes de morir, el 2 de enero de 2013, rodeado de sus seres más queridos en Nueva York, la ciudad que adoraba. La vida le quedó muy corta.

Mónica Ricketts
Filadelfia, agosto de 2015

Capellanías y censos de jesuitas en el Perú del siglo XVIII[1]

Con una reconocida importancia económica y productiva en la Hispanoamérica colonial antes de su expulsión en 1767, la Compañía de Jesús ha sido considerada, sin embargo, como una institución de participación marginal en las actividades crediticias coloniales y, en todo caso, un ente deudor más que acreedor. A través del estudio de las cuentas de colegios jesuitas y las de Temporalidades, así como de casos de capellanías fundadas en beneficio de capellanes jesuitas y administradas por patronos jesuitas, este ensayo revisa algunas ideas aceptadas sobre el rol crediticio de los jesuitas en el Perú colonial. Hacia la segunda mitad del siglo XVIII, los colegios jesuitas poseían entre sus activos con censos redimibles y otros créditos (escrituras de obligación y préstamos en efectivo), sin vínculo de capellanía, a su

---

1. Publicado originalmente en: Gisela von Wobeser et ál. (eds.). *Cofradías, capellanías y obras pías en el mundo hispánico colonial*. México: UNAM, 1998, pp. 229-246. Una versión anterior de este trabajo fue presentada en el marco del seminario "El crédito y las capellanías en el mundo hispánico colonial" (noviembre de 1994), patrocinado por la Universidad de Santiago de Chile, la Universidad Autónoma de México y el Instituto Panamericano de Geografía e Historia. Agradezco los comentarios de Ma. del Pilar Martínez López-Cano, Juan Guillermo Muñoz Correa, Eduardo Saguier y Gisela von Wobeser.

favor. Adicionalmente los jesuitas contaban con diversas formas de dotaciones de capellanías acumuladas por medio de imposiciones de censos que les proporcionaban réditos anuales. Sin embargo, en las propiedades de los colegios jesuitas también cargaban obligaciones censales a terceros que eran consideradas deudas en el pasivo de sus cuentas. Complicando aún más la evidencia contable, los colegios jesuitas se prestaban entre sí. Los resultados de la investigación indican que hubo tal vez solo tres o cuatro colegios jesuitas —de un total de veinte de estas instituciones— que fueron deudores netos, aunque otros colegios tuvieron cuentas acreedoras moderadas o poco significativas. Empero, los colegios más preponderantes, en especial los de Lima, y la orden en su totalidad, fueron acreedores netos de importancia, en una proporción de más de dos veces lo que debían, agregando así a la oferta de crédito colonial cerca de 3,4 millones de pesos fuertes en instrumentos de largo y corto plazo (o 2,5 millones de pesos si se toma en cuenta solo los de largo plazo). En esta apreciable solidez financiera, y en su dinámica estrategia financiera guiada a poseer haciendas productivas, los jesuitas se diferencian de otras órdenes y conventos coloniales, que contaban con menores fondos crediticios y buscaban una tradicional colocación segura de censos.

En los últimos años se viene avanzando con paso seguro en la comprensión de la compleja interrelación entre los fines espirituales de las instituciones eclesiásticas coloniales y sus funciones económicas, crediticias y sociales.[2] Con la debida perspectiva histórica se profundiza más el conocimiento sobre la adaptación práctica de ciertos instrumentos legales, tales como la capellanía de misas y el censo,[3] que evolucionaron con la activa participación y tutela de diversas organizaciones eclesiásticas en las colonias hispanoamericanas entre el siglo XVI e inicios del siglo XIX. En este trabajo se aborda el estudio de una institución de gran importancia religiosa, económica y social

2. Véase "Conclusión y reflexiones finales" de Asunción Lavrin, así como estudios individuales, en Martínez López Cano 1995: 295-311.

3. Para algunas definiciones y distintos tipos de capellanías y censos referirse al apéndice 1 (p. 46).

en la colonia peruana del siglo XVIII: la Compañía de Jesús. En primer lugar, este ensayo analiza las funciones crediticias de la orden jesuita con el objetivo de determinar si los jesuitas fueron o no importantes acreedores coloniales.[4] En segundo lugar, se comparan las funciones crediticias de los jesuitas, a través de los mecanismos de fundación de capellanías de misas y la imposición de censos consiguiente, con las de otras instituciones eclesiásticas para determinar diferencias en materia de estrategia económica y financiera.

Para estos cometidos utilizo en el presente trabajo información tanto agregada como pormenorizada, por un lado, de las escrituras y cuentas de las capellanías y censos de jesuitas (con base en la documentación de la Compañía de Jesús y Temporalidades existente en el Archivo General de la Nación de Lima, el Archivo Histórico Nacional de Madrid y el Archivo Nacional de Chile). Por otro lado, utilizo, con intención comparativa, información sobre las capellanías y censos de otros conventos y órdenes religiosas, inscritos principalmente en el Juzgado Eclesiástico del Arzobispado de Lima (con base en los documentos existentes en el Archivo Arzobispal de Lima, en los protocolos notariales del Archivo General de la Nación de Lima y el Archivo General de Indias).

Las capellanías y los jesuitas como intermediarios financieros

La figura jurídica de la relación entre capellanías de misas y censos reflejada en múltiples escrituras y disposiciones testamentarias es la siguiente: las capellanías se fundaban generalmente con provisiones legales para la imposición de censos sobre, principalmente, propiedades coloniales para sufragar los costos de culto asociados a la capellanía. La imposición y reimposición (en caso de redención) de censos para financiar estos gastos de capellanías se determinó con la activa

4. Comparar las posiciones opuestas entre aquellos que restan importancia crediticia a los jesuitas, algunos basados únicamente en casos regionales particulares, por ejemplo, Brown (1987: 23-43, 1986: 103) y Gibbs (1989: 343-362), con aquellos estudios que, por el contrario, resaltan el perfil crediticio de los jesuitas: Cushner (1980: 50) y Davies (1984: 103).

participación, y no poca imaginación, de los principales agentes de los distintos tipos de capellanías (véase apéndice 1): el fundador, que proporcionaba los fondos o garantías iniciales de la dotación; el patrono, que se encargaba por lo general de administrar la dotación y proponer al beneficiario; y el capellán propietario, quien percibía los beneficios y cumplía con los deberes asignados a la capellanía.

Al igual que en otros lugares de Hispanoamérica colonial, las fundaciones de capellanías en el virreinato del Perú estaban acompañadas de distintas modalidades en la imposición de censos que implicaban diversas transacciones entre religiosos y particulares, con sumas en efectivo o valores respaldados en el total o parte de las propiedades. Analicemos algunos casos en que se demuestra, entre otras cosas, la estrecha interrelación entre fines espirituales y decisiones materiales en las fundaciones de capellanías.

En la ciudad de Los Reyes (Lima), el 18 de febrero de 1602, don Julián Bastida y Portillo, considerando "como no hay cosa más cierta que el morir ni más incierta que el día y hora y término de la muerte", otorgaba su testamento, fin este de su última voluntad, "porque Dios nuestro señor sea más bien servido y el culto divino aumentado", e instituía una capellanía de misas por su ánima dejando por patronos perpetuos de esta al padre provincial y al rector (y sus sendos sucesores) de la Compañía de Jesús, pidiéndoles que las misas aludidas se digan en la iglesia jesuita. Para concretar esta fundación, Bastida mandaba a sus albaceas que tomasen de sus bienes "los pesos de plata que fuesen menester y se compren y hechen a censo sobre bienes seguros y libres de ypoteca [para generar réditos por] quinientos pesos de a nueve reales el peso y se acuda con ellos cada año al sacerdote que yo nombrare". El capellán nombrado, el padre Juan de Palomares Sarmiento, y sus sucesores dirían las misas siguientes cada semana en perpetuidad: los lunes de Réquiem, los martes de la Concepción de Nuestra Señora, los jueves del Santísimo Sacramento, los viernes de la Cruz y los sábados de Nuestra Señora. Insistía Bastida "por amor de Dios" que los patronos jesuitas adviertan que el censo que se "comprare" sea seguro y que pongan en sus libros memorias para que los que los sucedieran tengan noticia de aquel patronazgo. Advertía, además, que era su voluntad que en el futuro no se entrometiesen en lo tocante a aquella capellanía cualquier curia de Roma, nuncio, arzobispo o vicario general.[5]

En otro instrumento legal de marzo de 1729, don Gaspar Fernández Montejo, sargento mayor vecino de Los Reyes, otorgaba una escritura ante el escribano Francisco Otacio Meléndez imponiendo un censo de 10.000 pesos con el objeto de obtener réditos por 500 pesos anuales, de los cuales su hermana, doña Francisca Montejo, monja del Convento de la Trinidad, debería recibir 300 pesos anuales para su sustento de por vida[6] y, con los 200 pesos anuales restantes, pagar los costos de una capellanía que fundaba para un aniversario de misas y buena memoria por las almas de sus padres, entre otras obras pías.[7] A la muerte de su hermana, Fernández señalaba como dote del aniversario y buena memoria el principal del censo impuesto. El patronato de este aniversario y buena memoria se declaraba "de lego", libre y

---

5. Archivo General de la Nación, Lima (en adelante AGN), Compañía de Jesús, leg. 1. Esta aversión a la injerencia eclesiástica en materia de capellanías legas sirvió de base para justificar la dación de reales cédulas en 1760 y 1789, que establecían la autoridad de la justicia real sobre demandas de principales, y réditos de capellanías y obras pías, y negaban competencia legal con respecto a las autoridades eclesiásticas, citando varias opiniones sobre "los graves perjuicios y vexaciones que los Jueces Eclesiásticos irrogan a los demás vasallos", arruinándolos y excomulgándolos. Se establece así que, "en las causas que se ventilasen sobre principales de capellanías, podía reconocer la Jurisdicción Eclesiástica hasta la erección y establecimiento de ellas, en caso de omisión de los testamentarios; pero que una vez establecidas las fincas que se arrendasen a legos, o censos que se impusieren contra ellas, cesaba ya su jurisdicción". *Real Cédula de 22 de marzo del presente año de 1789...*, Lima, Imp. Real Niños Expósitos, 1789.

6. Con la condición de que el sustento se revocase si su hermana intentase con ingratitud alguna acción legal contra sus bienes, como lo había hecho en 1706 su otra hermana Thomasa, también monja del mismo monasterio, reclamando legítimas prendas que Fernández negaba existiesen. AGN, Compañía de Jesús, leg. 1.

7. Fernández mandaba decir ochenta misas anuales, dar 25 pesos en su oratorio en el día de la fiesta de la octava de Corpus y 12 pesos para la fiesta de la Santísima Cruz, ambas celebradas en el Colegio de San Pablo de la Compañía de Jesús, 4 pesos para una misa de aguinaldo en la Iglesia del Colegio Nuestra Señora de Guadalupe, 24 pesos para limosnas en las festividades de Nuestra Señora, Pascua de Navidad, San José, y 55 pesos para limosnas de su devoción, de su mano y, luego de su muerte, de la mano de sus herederos. Ibíd.

exento de la jurisdicción eclesiástica, nombrándose patrono el mismo Fernández y, a su muerte, sus hijos legítimos. A la muerte de estos últimos recaería el patronato en el rector del colegio jesuita de San Pablo, a quien Fernández daba poder necesario en el futuro para nombrar a los capellanes conforme vacasen, "prefiriendo siempre a mis inmediatos parientes, y dichos capellanes han de tener obligación de decir cien misas rezadas en la parte y lugar que les pareciera".[8]

En esta escritura se lee la siguiente provisión tocante a una casa de propiedad y morada de Fernández en una calle principal de la ciudad:

> [...] otorgo que desde ahora y para siempre impongo, sitúo, cargo y señalo sobre la dicha casa de suso declarada y deslindada y todo quanto tiene y le pertenece diez mil pesos de a ocho reales de principal al redimir y quitar y a razón de veinte mil el millar [5%], y por ellos quinientos pesos de réditos en cada un año los quales no impongo al presente en otra finca por no hallarla de seguridad, y en caso de fallecer yo sin haberlo hecho lo ejecutaran mis herederos para que les quede la finca sin este gravamen [y, fojas más adelante,] que si [...] el principal de este censo y buena memoria se redimiere y quitare ha de entrar en una de las cajas de las procuraciones de dicho Colegio [jesuita de San Pablo].[9]

Estos dos casos nos indican la contribución de las fundaciones de capellanías a una oferta de crédito potencial en la forma de censos consignativos redimibles, siempre y cuando el deudor cancelara (redimiese) la deuda. La redención de censos, sin embargo, no era tan fácil, pues, a diferencia de una amortización paulatina de la deuda, la redención implicaba el desembolso de elevadas sumas, aunque a veces se daban redenciones parciales de censos. Las redenciones, por lo general, se realizaban mediante la sustitución de un censo por otro,

---

8. Fernández también estipulaba que a su fallecimiento era su voluntad que su hermano, el R. P. fray Francisco Fernández Montejo, de la orden de Predicadores, y en su falta su otro hermano, el R. P. fray Balthazar Fernández Montejo, de la orden de La Merced, digan las dichas cien misas. Ibíd.

9. AGN, Compañía, de Jesús, leg. 1.

especialmente cuando el nuevo censo exigía réditos más bajos. Asimismo, el aumento de la demanda de crédito y el uso productivo de lo adelantado a través de censos dependía de ciclos económicos expansivos que no eran tan comunes en economías coloniales de crecimiento lento.[10]

Los que buscaban obtener el crédito potencial generado por las fundaciones de capellanías lo hacían por diversas razones y objetivos, que no siempre eran de índole productiva. El alférez Bernardo López y su mujer Brígida Bernal parecen haber necesitado efectivo cuando en 1603 otorgaron una escritura de imposición de censo al redimir y quitar en favor de la capellanía fundada por el difunto Julián de Bastida arriba aludido, situando y cargando el censo especial y señaladamente sobre unas casas principales de morada que poseían en el puerto del Callao a razón de 14.000 el millar (7%) de réditos. Demostraban en la escritura, con certificación del escribano del cabildo, que no cargaba censo alguno sobre sus haciendas y propiedades. Además se comprometían a mantener dichas casas bien labradas y reparadas

> [...] de manera que siempre vayan en acrecentamento e no vengan en disminución y este dicho censos esté cierto y seguro y bien parado y no lo haciendo y cumpliendo ansí que el capellán [...] de la capellanía los pueda mandar y los patronos [jesuitas] de ella [...] executar.[11]

El albacea del arriba mencionado Bastida les entregó la cantidad solicitada de 1400 pesos de nueve reales en la forma de dos barras de plata.

En otra escritura del año 1747, doña Josefa Córdova, vecina del Cuzco con poder de su esposo, manifestó que se enteró de que en la Caja de Depósitos del Juzgado Eclesiástico se habían redimido 2000 pesos pertenecientes a la capellanía fundada por el jesuita Jerónimo Marato y bajo el patronato del rector del colegio jesuita del Cuzco. Solicitó dicha cantidad con motivo de redimir a su vez un censo impuesto

10. Quiroz 1993, 1994: 193- 230; Muñoz y Robles Ortiz 1992: 47-68, 1993: 1-12.

11. AGN, Compañía de Jesús, leg. 1.

sobre la hacienda Chacalina de su propiedad y realizar refacciones en ella.[12] Asimismo, doña María Francisca de Veingolea, con el debido poder de su marido, pedía en 1746 que se le proporcionaran 2000 pesos a censo de un aniversario de misas del cual era patrono el rector del colegio jesuita, pues se hallaba "con necesidad de algunos pesos" para los gastos ocasionados por la entrada de su hija a un monasterio y para los reparos necesarios de su hacienda Larata en la provincia de Aymaraes.[13] Por otro lado, en 1732 un propietario en Huancavelica fundaba una capellanía "para proceder a la venta de cuatro tiendas arruinadas" cuyo comprador procedió a su obsequio para el sostenimiento de las misiones jesuitas de Tayacaja.[14] Más aún, en 1724 doña Juliana Orellana pedía redimir en efectivo un censo por 10.000 pesos de principal, impuesto sobre una de sus haciendas en el valle del Cóndor, y que redituaba 500 pesos al año en beneficio de una capellanía gozada por su sobrino, a cambio de otro censo por la misma cantidad cuyo principal le adelantaron los jesuitas al reducido rédito de 400 pesos anuales, esta vez a favor de la Compañía de Jesús.[15]

Así pues, los censos de capellanías no eran la única fuente de crédito potencial ofertada por intermediación de los jesuitas y en su beneficio. Entre 1744 y 1746 el maestre de campo don Ignacio de Arriola, vecino del Cuzco, entró en una interesante transacción con el procurador jesuita del Cuzco:

> Digo que por cuanto el padre Jerónimo Prieto, Procurador del Colegio de la Cia. de Jesús *me dio y prestó* veinte nueve mil pesos corrientes de ocho reales de contado con el plazo de un año, y con la condición de que le había de pagar el interés o réditos del 4 por ciento y a su seguro hipotequé por especial obligación e hipoteca del cañaveral de Nuestra Señora

---

12. AGN, Compañía de Jesús, leg. 10. Las redenciones en efectivo (oblación y real consignación) podían ser de cantidades considerables, como la que realizó la viuda doña Antonia de Arrivia por el monto de 14.000 pesos de un censo principal impuesto al 4% sobre el obraje Lucre a favor de una capellanía lega. Ibíd., leg. 4.

13. AGN, Compañía de Jesús, leg. 4.

14. Ibíd.

15. AGN, Compañía de Jesús, leg. 9.

de Aranzasu de Mollemolle... pueblo de Guraguasi... provincia de Abancay [según escritura que otorgó el 18 de junio de 1744]... y respecto que el dicho préstamo que en la calidad de que no pagándolos, los había de imponer a censo al redimir y quitar a razón del cuatro por ciento [1160 pesos] quiero otorgar la escritura de imposición[...].[16]

Los jesuitas realizaban tales transacciones con el motivo de asegurar imposiciones de censos sobre fincas ciertas y seguras (como era tradicional entre las instituciones eclesiásticas), y también, al parecer, para obtener potencial acceso a la propiedad de haciendas productivas de caña y vid. En 1731, por ejemplo, el marqués de San Miguel, Fernando de la Fuente, había solicitado al mismo procurador jesuita del Cuzco un préstamo a razón de 25.000 el millar (4%) de rédito anual para poder sustituir varios censos por hasta 61.000 pesos que al 20.000 el millar (5%) gravaban sobre su hacienda y viña La Floresta en Pisco. En 1767, el marqués de San Miguel todavía era deudor por un total de 60.000 pesos al 3% de rédito anual en censos sobre la misma hacienda.[17] Es posible que los jesuitas colocaran hasta un 76% de sus censos en haciendas.[18]

Sin embargo, sobre algunas propiedades jesuitas también cargaban censos vinculados con capellanías a favor de otros acreedores. Así, en 1743 se impusieron a censo, sobre las haciendas del colegio o casa

---

16. Ibíd., leg, 10 (el énfasis en cursivas es mío). Miembros de la Inquisición también prestaban a interés, como lo prueba una escritura de obligación otorgada por el corregidor Thomas de la Quintana en Lima, al momento de su partida a su corregimiento de Chachapoyas y Chillaos, el 4 de enero de 1777, con las siguientes cláusulas: "[...] pagaré realmente con efecto a Dn Josef Arescurenaga, secretario más antiguo del Secreto del Sto. Oficio de la Inquisición un mil pesos de ocho reales que por hacerme beneficio me ha suplido en moneda corriente a interés de seis por ciento" pagaderos en Lima "[...] a un año, y si cumplido este plazo no hiciese la paga", abonaría el mismo interés hasta realizarla. Esta escritura fue rota y cancelada cinco años más tarde, en mayo de 1782 según nota al margen. AGN, Protocolos, Escribano Francisco de Luque, Protocolo n.° 635, año 1771, f. 14-14v.

17. AGN, Compañía de Jesús, leg. 1, i; "Libro mayor y general... de la negociación de Temporalidades de jesuítas...", año 1769: AHN, Jesuitas, Lima, libro 443.

18. "Libro mayor y general... de la negociación de Temporalidades", 1769: AHN, Jesuitas, Lima, libro 443; Quiroz 1994: 203-204.

del noviciado de la Compañía de Jesús, 4800 pesos, a razón del 5%, pertenecientes a la dote de una buena memoria.[19] Igualmente, en 1752, el colegio jesuita del Cercado impuso sobre sus haciendas 10.000 pesos a razón del 3% de réditos anuales a favor de una buena memoria de una parroquia, además de otro censo de 2000 pesos de principal a favor de la buena memoria que fundó Juan Fajardo (empero en la iglesia del Colegio de San Pablo), cuya cantidad utilizó para comprar esclavos.[20]

Debemos considerar, además, que los colegios jesuitas más solventes prestaban a otros colegios para ayudarlos financieramente. En 1742, el Colegio de La Paz reemplazó un censo de 15.000 pesos que cargaba sobre sus haciendas, pertenecientes a la obra pía fundada por doña Leonor Costilla, por otro censo al 3% recibido de cuenta del Colegio de San Pablo. Asimismo, en 1744 el Colegio del Cercado reconocía sobre sus haciendas 12.000 pesos, a razón de solo el 2,5%, a favor del Colegio de San Pablo, de los cuales se redimió la mitad en 1755.[21]

Capellanías y censos de otras instituciones eclesiásticas

Con un afán comparativo, he recogido información de aproximadamente doscientas capellanías y sus censos registrados en el Arzobispado de Lima que beneficiaban a eclesiásticos distintos de los jesuitas.[22] Las capellanías en cuestión fueron inscritas principalmente entre los años 1750 y 1800. Estos registros arrojan datos sobre los principales y réditos de los censos vinculados a capellanías, las propiedades sobre las que se impusieron los censos, los años de las imposiciones y el sexo de los fundadores.

En esta muestra, la cantidad más frecuente (o mediana) de las imposiciones de censos para fundar capellanías era de 4000 pesos de 8 reales; esta cantidad, al 3%, 4% y 5% de interés o rédito, proporcionaba la suma

19. AGN, Compañía de Jesús, leg. 10.

20. Ibíd.

21. Ibíd.

22. Índice de capellanías (libro de registro de capellanías), siglos XVIII-XIX, Archivo Arzobispal de Lima (en adelante AAL), Libros de Capellanías, CAP 044.

de 120, 160 o 200 pesos, respectivamente, de renta anual para el capellán propietario. Estas cantidades aparentemente bastaban para vivir con decoro mínimo. Sin embargo, la cantidad promedio de las imposiciones para fundar capellanías era de alrededor de 3000 pesos de principal.

Un 45% de las imposiciones de censos para fundar capellanías se estableció sobre casas y otras propiedades urbanas (molinos, panaderías, fincas, casas-huertas) en Lima y, en menor grado, en las villas o pueblos provinciales de Ica, Chincha, Huaura, Barranca, Carhuaz, Huaraz, Yungay, Huánuco y Huancavelica.

Unas cuantas imposiciones, solo un 8% de la muestra, se establecieron sobre rentas fiscales (estancos del tabaco, nieve, amortización) o del cabildo, consulado y puestos oficiales.

El resto de las imposiciones, es decir, el 37%, cargaba sobre haciendas y otras propiedades rurales (viñas, estancias, chacras, pagos y tierras). Asimismo, las cantidades más altas de los censos de capellanías se imponían en haciendas de los alrededores de Lima, y también en las localidades de Surco, Pisco, Ica, Late, Chancaillo, Carabayllo, Nasca, Palpa, Cañete, Chancay, Cieneguilla, Huaura, Jauja, Tarma, Moquegua, Conchucos, Andahuasi y Huaraz. Esta comprobación indica que los censos de capellanías en beneficio de eclesiásticos limeños no jesuitas contribuyeron en parte al financiamiento a largo plazo de la agricultura colonial, principalmente costeña, de productividad limitada y crecimiento lento (esta tendencia, pero aún más intensa, se verifica asimismo en las inversiones censales, relacionadas o no a capellanías, de los jesuitas).

Algunos de los censos vinculados a capellanías los asumían propietarios para realizar "reparos" necesarios en sus propiedades rurales o para otros fines no productivos. Un contrato de censo con vínculo de capellanía, entre un fundador (o sus albaceas o los patronos de la capellanía) y un censatario, asemejaba un contrato de venta:

> [...] yo, don Alonso de Baldivieso... vendo por nueva venta, imposición de cenzo al redimir y quitar, y a razón de quatro por ciento a doña Cándida del Río y Salazar... el señorío y renta de treinta y dos pesos de ocho reales de rédito... en cada un año por su juzto precio que son ochocientos pesos... de principal que confieso haber recibido, y tener en

mi poder realmente... los cuales... impongo, sitúo, cargo, señalo sobre todos mis bienes habidos y por haber, y especial y señaladamente sobre una casa principal de morada alta y baja en que al presente vivo, y sus tiendas accesorias.[23]

Una proporción considerable de las fundaciones de capellanías, sin embargo, la hacían los mismos fundadores imponiendo censos "al quitar y redimir" sobre sus propiedades. Al momento de vender esas propiedades, los nuevos compradores las adquirían a menor precio con la obligación de pagar anualmente los réditos o, en su defecto, redimir los principales o, en caso de no pagar los réditos al capellán propietario en el plazo previsto, sufrir la venta judicial por remate de la propiedad.[24] La paga anual y directa por parte del censatario al capellán propietario se hacía constar en los registros de escribanos en la forma de cartas de pago.[25]

Siempre con los datos de la muestra encontramos que la mayoría de los fundadores fueron hombres con el 68% del total de fundadores. Las mujeres fundadoras representaron el 25% y los matrimonios *in solidum*, 7%. Los capellanes tenían que ser varones, hijos legítimos y de origen cristiano viejo.[26] Por lo general era el padre el que fundaba

23. En este caso la fundadora, Cándida del Río, "en atención a la gran devoción que siempre he tenido, y tengo al glorioso señor San Joseph", establecía una capellanía de buena memoria "para que con sus réditos anuales de este dicho censo se pueda celebrar todos los años en el día de los desposorios una misa solemne con música, caja y clarín [...]". AAL, Capellanías, leg. 102.

24. Considerar el caso del embargo y secuestro de una hacienda de viña en Palpa por falta de pago de dos años de réditos (400 pesos) al capellán interino Lic. Joseph Mosquera y Villaroel, beneficiario de la capellanía fundada en 1765. La hacienda se tasó en 9384 pesos y fue subastada. AAL, Capellanías, leg. 102.

25. AGN, Protocolos, escribano Francisco de Luque, n.° 635, f. 10-10v y en adelante.

26. Como prueba necesaria para ser nombrado capellán se incluían testimonios de pregones públicos que urgían informar en un término de nueve días, so pena de excomunión mayor, "si conocen a dicho [don Andrés Muñoz], a sus padres, abuelos paternos y maternos, y la noticia que tubiesen de los demás de sus ascendientes; si estos fueron christianos viejos, de limpia generación, sin raza de herejes, moros, judíos, o de los recién convertidos a nuestra fe, catholico, y si han sido penitenciados por el Santo Oficio de la Inquisición". AAL, Capellanías, leg. 102.

la capellanía para aquel de entre sus hijos de mayor edad y con aspiraciones eclesiásticas, de preferencia en la línea sucesoria masculina.[27]

Así, en la fundación de capellanías colativas para dotar la ordenación de religiosos, no era raro que el fundador indicase que los capellanes beneficiarios debían ser sus familiares y descendientes. Por otro lado, la adjudicación de las capellanías simples o de libre colación dependía en mucho de las decisiones de los patronos de estas. Por investigaciones sobre el tema en otras partes de América colonial, sabemos que las capellanías de parentesco o de "sangre" eran más frecuentes que las libres y que, además, constituían parte importante de los gastos familiares.[28] Así, las familias o redes familiares coloniales tenían la opción de invertir en los costos de dotación y educación de algunos de sus integrantes. Como se ve, la ayuda proporcionada a las instituciones eclesiásticas a través de las capellanías no era tan desinteresada ni tan falta de racionalidad.

Por otro lado, los fondos asignados en el Perú para dotar capellanías en España durante el siglo XVIII eran menos frecuentes que durante los siglos XVI y XVII, época en la cual se advierte que los peninsulares que morían en Indias legaban en mayor número tales dotaciones a las instituciones de su tierra natal.[29]

---

27. Algunos ejemplos: capellanía colativa fundada en 1759 por el padre de Antonio de León y Estrada, imponiendo cuatro mil pesos a censos sobre sus haciendas en la provincia de Conchucos "para que a su título pueda ascender al estado eclesiástico obligándome a decir cinquenta misas en cada un año"; en 1766, María de Suniga Abelíaneda, patrona de una capellanía colativa de 7600 pesos de principal al 3% de rédito situada en su casa, al fallecer su tío el capellán propietario, "elige y nombra" por capellán a su hijo; Pedro Silvestre Mejía, vecino de Recuay, reclamaba en 1767 su derecho al goce de una capellanía vacante por ser el pariente más inmediato de su bisabuelo, quien "instituyó y fundó una capellanía colativa beneficio eclesiástico su principal de cuatro mil pesos y sus réditos de doscientos pesos anuales impuestos en la Hacienda nombrada Congray". AAL, Capellanías, leg. 102.

28. María Isabel Sánchez Maldonado, "La capellanía en la economía de Michoacán en el siglo XVIII", en Martínez López-Cano 1995 y Von Wobeser 1994.

29. Por ejemplo, "Autos de los bienes de difuntos de Juan de la Peña, natural de Toro, difunto en la del Perú, fundó una capellanía en su patria", año 1611-1613, Archivo General de Indias, Bienes de difuntos, Contratación, leg. 944A.

En resumen, este panorama de la práctica en la fundación y efectos de capellanías en beneficio de eclesiásticos capellanes y patronos distintos a los jesuitas nos indica que los censos de estas capellanías contribuyeron a la oferta de crédito potencial tanto urbano como rural en el virreinato peruano. Esta práctica coincide igualmente con las estrategias tradicionales detectadas en la mayoría de las órdenes religiosas no jesuitas de encontrar colocación segura de sus inversiones de censos.[30] Como veremos a continuación, los jesuitas se diferenciaron de otras órdenes e instituciones eclesiásticas al implementar una estrategia financiera y crediticia más dinámica, como lo indica el análisis de sus cuentas y documentos.

Análisis contable de colegios jesuitas y Temporalidades

Las cuentas existentes de los distintos colegios jesuitas en el virreinato del Perú no permiten una fácil evaluación de sus activos y pasivos. La doble contabilidad y distintos objetivos contables, por una parte, de los jesuitas antes de 1767 y, por otra, de Temporalidades (la institución oficial encargada de liquidar y administrar a partir de 1767 los bienes de los jesuitas expropiados), y la consiguiente poca claridad en las cuentas, hacen difícil un análisis preciso.[31] Para cumplir con el objetivo de determinar si los jesuitas eran acreedores o deudores netos es necesario establecer algunos supuestos con base en la documentación cualitativa y cuantitativa.

Como hemos visto basados en la evidencia cualitativa, los colegios jesuitas hicieron fuertes préstamos a particulares y recibieron réditos y ejercieron el patronato de capellanías a su favor. Asimismo, hubo casos

30. Hamnett 1973: 113-132, Gibbs 1991, Burns 1991: 67-95, Suárez 1993: 165-174.

31. Por ejemplo, en los reparos de los burócratas de Temporalidades en Madrid a las cuentas elaboradas en Arequipa entre 1779 y 1784, se señala: "[...] los tres objetos diferentes de censos pasivos, obras pías y patronatos [no se distinguen con la individualidad requerida]; y de aquí nace una extraordinaria confusión puesto que diciéndose que cargando 70359 pesos 1/2 real sobre los fondos del colegio a favor de particulares, de obras pías, buenas memorias y cofradías, no se expresa cuánto pertenece a cada ramo, por que título y para que fin [...]". AHN, Compañía de Jesús, leg. 126, doc. 17a.

en que los colegios y sus propiedades eran deudores de particulares y capellanes no jesuitas, y aun otros casos en que un colegio jesuita prestaba a otro.

En al apéndice 2 se presenta un cuadro resumen de las cuentas detalladas de distintos fondos y propiedades jesuitas expropiadas por el Estado en 1767.[32] A pesar de los problemas arriba señalados, se utilizan los datos de estas cuentas por su carácter cuantitativo agregado al mismo tiempo que pormenorizado, así como por su elaboración temprana en comparación con otros documentos de Temporalidades posteriores, que son menos útiles para evaluar la riqueza real de los jesuitas antes de su expulsión.

En el rubro de censos ("capitales") a favor de "obras pías y particulares" de las cuentas jesuitas (séptima columna del apéndice 2), los contadores de Temporalidades incluyeron, primero, los censos en propiedades jesuitas a favor de capellanes no jesuitas o particulares y, segundo, los censos impuestos para servir las capellanías a favor de capellanes jesuitas sobre las propiedades de terceros o las de los mismos jesuitas. El primero de estos dos casos constituía un pasivo incuestionable para los jesuitas. Sin embargo, en el segundo caso, el "pasivo" de Temporalidades debería considerarse en la práctica como su "activo" porque no había obligación alguna de devolver el principal al fundador de la capellanía, y los beneficios de las rentas se quedaban en las manos de los jesuitas mismos. Sin embargo, para Temporalidades los censos de capellanías y obras pías a favor de jesuitas contaban como pasivos, pues, a falta de capellanes y patronos jesuitas luego de su expulsión, los censos de capellanías y otras obras pías, y sus réditos, debían traspasarse a otros capellanes y patronos, y, por lo tanto, sacarse de los fondos administrados por Temporalidades o, en el caso que

---

32. El cuadro resumen se basa en cuentas individuales por colegio, casa o propiedad jesuita en el virreinato peruano, en "Total importe de los fondos de las Temporalidades ocupadas a los regulares extinguidos en las casas, colegios, y misiones del Virreinato de Lima y estado que tenían al tiempo de la ocupación, sus cargos y obligaciones con deducsión de los sobrantes de cada una". Lima, 1767. Archivo Nacional de Chile (en adelante ANCH), Fondo de Jesuitas de Chile y América, v. 349, n.° 4.

aquellos censos estuviesen impuestos en las propiedades que habían sido de jesuitas, pagar Temporalidades los réditos correspondientes a terceros.[33]

Además de los censos en propiedades jesuitas a favor de terceros,[34] en el cuadro resumen del apéndice 2 también se debe considerar como pasivo, tanto de los jesuitas como de Temporalidades, los censos "a favor de congregaciones" (octava columna), pues en este caso los jesuitas pagaban réditos a otras instituciones eclesiásticas, así como las "deudas en contra" (décima columna), porque constituían principalmente deudas de tipo comercial de corto plazo, aunque también hubo deudas de "mutuos" a mediano plazo (tres años).[35]

Por otro lado, entre los activos tanto de jesuitas como de Temporalidades deben contarse las "deudas a favor" (tercera columna), pues estas eran créditos de corto plazo adeudados a los jesuitas,[36] y los "censos libres" (sexta columna), porque estos últimos eran censos sin vínculos de capellanías impuestos a favor de jesuitas en propiedades

---

33. A este respecto, el siguiente caso ilustra el problema: en 1785, el licenciado Agustín Doria, presbítero de la Congregación del Oratorio de San Felipe Neri, recibió de Temporalidades 70 pesos de pago por ser capellán propietario, nombrado por superior decreto en agosto de 1767, de la capellanía de patronato de legos, con un censo de 6000 pesos de principal impuestos en la Hacienda Belén, de propiedad del colegio jesuita de Huamanga. La capellanía fue fundada por el jesuita Juan de Lagos en 1751 y su patronato había pertenecido a los rectores del colegio jesuita de noviciados de Lima antes de su expulsión. ANCH, Jesuitas, v. 361, doc. 6, f. 189.

34. Entre este tipo de "censos pasivos" en las cuentas del Colegio de Arequipa se incluían censos a favor de su majestad por tierras, los indios de algunas provincias, misiones, pobres o vergonzantes, escuelas, etcétera. AHN, Jesuitas, leg, 126, doc. 17a.

35. Entre las deudas del Colegio del Cercado se listan varias por "dinero a mutuo" recibido de particulares por hasta 17.000 pesos, y entre ellas una a favor de Antonio Hermenejildo de Querejazu, oidor de la Audiencia de Lima, por 10.000 pesos, "con intereses de 3 p. 100, a un plazo de 3 años, con hipoteca de las haciendas del colegio". AHN, Jesuitas, leg. 127, doc. 38a.

36. Entre este rubro de "deudas a favor" se listaban en las cuentas de distintos colegios vales de pulperos, pagarés, vales por botijas de vino y aguardiente, libranzas, deudas por arrendamiento de propiedades jesuitas y otros deudores particulares relacionados comercialmente con los jesuitas.

coloniales.[37] Así, estableciendo el supuesto de que en la columna en discusión de "censos a favor de obras pías y particulares" existía una mitad de censos "activos" y otra mitad de censos "pasivos",[38] se pueden reestructurar las cuentas de activos y pasivos de jesuitas alrededor de 1767 en la forma adoptada en el cuadro 1.

Cuadro 1

CUENTA DE ACTIVOS Y PASIVOS JESUITAS, LIMA 1767 (PESOS FUERTES)

1. Dinero	178.732	1. Deudas en contra	444.587
2. Casas	227.577	2. Censos a favor congregaciones	387.270
3. Haciendas	6.181.756	3. ½ censos obras pías y particulares	753.033
4. Deudas a favor	952.671	4. Activos menos pasivos	8.425.626
5. Censos libres	1.716.747		
6. ½ censos obras pías y particulares	753.033		
Totales	10.010.516		10.010.516

37. En este rubro se incluían imposiciones en las Reales Cajas, Caja de Censos y otras sobre haciendas y casas de particulares.

38. Se llega a este supuesto mediante un promedio simple ponderado de las proporciones entre censos activos y censos pasivos en las cuentas del rubro "censos a favor de obras pías y particulares" de tres colegios. Según las listas (incompletas) de instrumentos individuales que componían este rubro, se distinguen grandes diferencias entre los distintos colegios. Así, el Colegio de San Pedro y San Pablo, acreedor neto de importancia, contaba con alrededor de dos tercios de censos activos y un tercio de censos pasivos en dicho rubro; el Colegio de Arequipa, acreedor neto moderado, contaba por el contrario con un tercio de censos activos y dos tercios de censos pasivos; y el Colegio del Cercado, un deudor neto, contaba igualmente con un tercio de censos activos y dos tercios de censos pasivos. Debido a que el peso del Colegio de San Pedro y San Pablo en el agregado de la orden era mayor que el de los otros dos colegios, no creemos equivocarnos al promediar mitad de censos activos y la otra mitad de censos pasivos para la orden en su totalidad.

Del análisis de este cuadro se colige, como era de esperar, que la riqueza principal de la orden jesuita consistía en sus inversiones inmuebles, en especial la posesión de haciendas de una productividad por encima de la media colonial. El total de la inversión inmueble sumaba alrededor de 6,4 millones de pesos o un 64% del total de activos. Sin embargo, la inversión en créditos a corto y largo plazo a su favor no era desdeñable, pues ascendía a 3.422.450 pesos (rubros 4, 5 y 6 de los activos en el cuadro 1), es decir, 34% de activos, y 2.469.779 (rubros 5 y 6,25% de activos) tomando en cuenta solo los instrumentos de largo plazo. Además, la suma de los créditos de jesuitas constituía el doble que la de sus deudas, lo cual demuestra que la Compañía de Jesús fue un acreedor neto por más de 1,8 millones de pesos (corto y largo plazo) o 1,3 millones (largo plazo solo). Es más, estas últimas cifras colocan a los jesuitas entre los más importantes acreedores coloniales del siglo XVIII en el Perú.[39] Sin embargo, no todos los colegios jesuitas reflejaban estas cifras generales, pues algunos contaban con fuertes deudas vinculadas con el financiamiento de actividades agrícolas.

A este respecto consideremos tres casos específicos de entre los cerca de 20 colegios y casas jesuitas en el virreinato del Perú: el Colegio de San Pedro y San Pablo de Lima, el Colegio de Arequipa y el Colegio del Cercado.[40]

Siguiendo el mismo método utilizado para elaborar el cuadro 1, pero considerando una proporción de 2:1 entre censos activos y censos pasivos en el rubro de censos a favor de "obras pías y particulares", el Colegio de San Pedro y San Pablo en Lima era no solo el más sólido de los colegios jesuitas, sino un acreedor neto de importancia. El total de sus activos representaba el 34% de los activos totales de la orden. Sus inversiones inmuebles sumaban 1.820.000 pesos, alrededor de 28% del total de inversiones inmuebles de toda la orden. Sus inversiones en

39. Otros acreedores de importancia en época aproximada, la Inquisición y la Caja de Censos de Indios, contaban con inversiones en censos por 1,5 millones y 1 millón de pesos respectivamente. Quiroz 1993: 55, 59.

40. Para el de San Pedro y San Pablo, véase ANCH, Jesuitas, v. 349, n.° 4; para el de Arequipa, AHN, Compañía de Jesús, leg. 126, doc. 17a; y para el del Cercado, ibíd., leg. 127, doc. 38a.

créditos activos (corto y largo plazo) ascendían a 1,5 millones (el 41% de los créditos activos de la orden) y más que triplicaban el monto de sus deudas. Este colegio fue también el principal prestamista de otros colegios jesuitas.

Las cuentas del Colegio de Arequipa muestran que entre sus activos figuraban la Hacienda Sacay, tasada en 179.700 pesos, y 27 tiendas que en 1766 rindieron 17.186 pesos de renta. En total su inversión inmueble, entre casas y haciendas, ascendió a 421.594 pesos. Los créditos activos de "deudas a favor" y "censos libres" sumaban 32.927 pesos. Sin embargo, la suma de los "censos pasivos", es decir, los censos que el colegio reconocía en sus propiedades en beneficio de terceros, ascendía a cerca de 40.000 pesos entre los rubros de censos de "obras pías y particulares" y censos a favor de "congregaciones", restando por tanto 13.000 pesos en la cuenta de "obras pías y particulares" que deben ser considerados créditos activos. Así, el total de los créditos activos (46.000 pesos) parece haber superado en 6000 pesos aproximadamente al de los pasivos. Por tanto, el Colegio de Arequipa fue un acreedor neto moderado y de limitada importancia.[41]

El Colegio del Cercado contaba con las haciendas Vilcahuara (197.025 pesos), Humaya (189.406 pesos), San Borja (54.912 pesos) y otras por un total de 451.025. Entre deudas a favor y censos libres, los créditos activos sumaban 19.312 pesos, a lo que habría que añadir unos 36.000 de créditos del activo en la cuenta de "obras pías y particulares", totalizando así los créditos activos 55.312. Sin embargo, los censos pasivos que reconocía el colegio en sus propiedades ascendían a 81.720 pesos de principal y 2374 pesos de réditos anuales. Asimismo, el monto del dinero "a mutuo" tomado por el colegio y adeudado a terceros sumaba 17.000 pesos con intereses anuales de 510 pesos, además

---

41. Otro acreedor neto moderado fue, para el caso de Nueva España, el Colegio de Zelaya, con censos a su favor, impuestos en propiedades de terceros, por 21.480 pesos y 1074 pesos de réditos anuales. AHN, Jesuitas, leg. 127, doc. 37. Interesante es anotar aquí que ya hacia 1742 se utilizaba el "depósito irregular" entre las transacciones crediticias de los jesuitas en Nueva España, mientras que en el Perú no se utilizó ese instrumento, pero sí el dinero o préstamo "a mutuo" (mutuo a secas), que cumplía la misma función.

de otras deudas en contra por 6274, totalizando las deudas del pasivo alrededor de 105.000 pesos. En este caso no cabe duda de que el Colegio del Cercado era un deudor neto, superando sus deudas en más del doble sus créditos, tal vez debido a que sus considerables propiedades rurales constituían suficiente garantía para conseguir abundante crédito de terceros.[42] Sin embargo, entre los acreedores de este colegio se contaba también el Colegio de San Pablo, que tenía igualmente censos a su favor en las propiedades de otros colegios en el virreinato del Perú.

Finalmente, con respecto a los destinos de los fondos y propiedades de jesuitas administradas y liquidadas por Temporalidades después de 1767, según las cifras del apéndice 2 y cuadro 1, Temporalidades contó teóricamente con alrededor de entre 8,8 y 8,5 millones de pesos líquidos ("sobrantes" o diferencia entre activos y pasivos de los bienes ocupados) al momento de la expulsión de los jesuitas y la expropiación de sus bienes en 1767. Temporalidades procedió principalmente a la venta y remate de las haciendas jesuitas, mayormente entre los años 1770 y 1781, a un valor promedio del 80% de su valor tasado y a crédito del 3% anual a largo plazo (de 3 a 50 años). Entre 1785 y 1816 se consumieron alrededor de 900.000 pesos en gastos de administración de Temporalidades más otros 800.000 pesos en remisiones a España y salarios. En 1816 lo producido efectivamente a la Real Hacienda de la liquidación de los bienes jesuitas ascendía a 4,5 millones de pesos. Un tercio de esta cantidad, 1,5 millones de pesos, pertenecía al rubro de censos (25 imposiciones por 531.254 pesos) y capellanías (300 entre colativas y legas por un millón de pesos); los dos tercios restantes, 3 millones de pesos, fueron producto de la venta de propiedades jesuitas. Hacia 1822 los fondos sobrantes ascendían a solo 2,6 millones de pesos.[43]

---

42. Los otros colegios que resultaron deudores netos, según las cifras del apéndice 2, fueron el Colegio Grande del Cuzco (contaba con deudas pasivas por hasta 172.000 pesos contra solo 116.000 pesos en créditos activos) y el Colegio de Ica (tenía deudas pasivas por hasta cerca de 47.000 pesos y créditos pasivos por solo 39.000 pesos), y tal vez la casa Noviciado de Lima.

43. Aljovín de Losada 1990: 183-233; Abascal 1944, II: 105-106, 108; Amat y Junient 1947: 135; AHN, libro 443 y leg. 126; Quiroz 1993: 128.

Conclusiones

Las capellanías de misas en el Perú contribuyeron, en cierta medida, al crecimiento limitado de la agricultura, principalmente costeña, a través de la inversión de sus dotes censales en beneficio de eclesiásticos e instituciones de la Iglesia. Los jesuitas sacaron provecho de las capellanías y sus censos para sustentar una estrategia de expansión en el campo agrícola, actuando a la vez como acreedores y deudores de censos.

Los jesuitas utilizaron los censos de capellanías impuestos en sus propiedades para financiar los gastos e inversiones en sus haciendas (compra de esclavos, aumento del valor de las haciendas y otras inversiones), cumpliendo así con los requisitos productivos necesarios para no endeudarse demasiado y utilizar eficientemente la oferta crediticia colonial disponible. Gracias a ello, los jesuitas también contaron con considerables recursos para prestar a terceros, sobre todo hacendados, tal vez con la intención de proyectarse a la posesión de un mayor número de haciendas, además de recibir beneficios como capellanes y patronos gracias a la acumulación de fondos provenientes de fundaciones de capellanías de particulares a través de los años.

Hacia 1767, los jesuitas contribuían a la oferta de crédito colonial con cerca de 3,4 millones de pesos. Estos créditos totales eran aproximadamente el doble que sus deudas, convirtiéndose así en uno de los más importantes acreedores netos coloniales. Esta relación más dinámica con los mecanismos de crédito colonial diferencia a los jesuitas de otras órdenes que buscaron colocaciones más tradicionales y seguras, y, por tanto, distaron de desplegar el activismo económico característico de los jesuitas.

Apéndice 1. Los distintos tipos de capellanías

Definición

Compromiso legal, por lo general perpetuo, por el cual un donante o fundador dotaba los servicios de un capellán para decir misas, mayoritariamente a través de la imposición de censos redimibles cuyos réditos proporcionaban el beneficio anual del capellán.

Por el objetivo de la fundación

La capellanía podía ser fundada para:

1. Financiar y sustentar la ordenación o ascenso al estado eclesiástico por parte de varones de origen cristiano viejo.
2. Sufragar los costos de misas para aniversarios y buenas memorias por el alma o almas de difuntos.

Por el tipo de derecho adscrito

1. Colativa o de beneficio eclesiástico.
2. Lega, no sujeta a derecho eclesiástico.

Por los requisitos en el nombramiento del capellán

1. De parentesco (o de "sangre"), cuando el capellán debía ser pariente del fundador.
2. Libre elección, cuando no se estipulaba requisito.

Por la inversión de las dotaciones

1. Imposición de censos en propiedades urbanas o rurales; este tipo era el más común y podía adquirir la forma de:

   a) Préstamo hipotecario en efectivo a terceros siempre y cuando los censos se redimiesen a cierto plazo; los fondos proporcionados así al deudor podían utilizarse para mejoras y fines productivos de las propiedades o para financiar consumo y gastos no productivos; los deudores (censatarios) podían redimir los censos en efectivo o reemplazarlos con otros censos de rédito más bajo.

b) Imposición en la propiedad del mismo fundador para no tener que hacer desembolso en efectivo, financiando así misas honoríficas o el sustento y educación eclesiástica de familiares. Si estas imposiciones no se redimían, cargaban a veces excesivamente sobre el patrimonio del fundador y sus herederos.

c) Imposición para facilitar la compra o venta de una propiedad.

2. La compra de una propiedad para obtener renta o ganancia de ella.

Apéndice 2

Fondos y propiedades jesuitas ocupados por temporalidades (Lima, 1767)
(cantidades en pesos fuertes)

Colegio, casa jesuita	Dinero	Deudas a favor	Valor casas	Valor haciendas	Censos libres	Censos obras pías	Censos congreg.	Total ocupados	Deudas en contra	Total reintegros	Total sobrantes
S. Pedro y S. Pablo, Lima	18.907	246.507	72.240	1.747.841	1.186.232	151.696	275.956	3.699.379	135.769	563.421	31.35.958
Procurac. Prov. en id.	31.631	223.926		514.296	184.010	147.970		11.01.833	43.932	191.902	909.931
Casa-Noviciado de Lima	30.563	18.979	19.659	600.174	7.300	397.831		1.074.606	11.642	409.573	665.033
Casa Profesa de Lima	7.928	25.686				49.420	32.180	115.214	6.233	87.833	27.381
Procurac. Quito en id.	10.313	117.991						128.304	55.056	55.056	73.248
Coleg. Cercado de Lima	2.857	14.712	4.000	451.025	4.600	136.266		613.460	6.274	142.540	470.920
Bellavista, Lima	912	56.895	7.054	278.947	53.703	26.100	3.165	426.776	2.990	32.255	394.521
Colegio Grande, Cuzco	6.255	25.198	56.653	680.780	11.200	163.353	34.928	978.367	56.375	254.656	723.711
Coleg. Noviciado, Cuzco		9.831	4.348	63.825	3.000	5.850		86.854	8.583	14.433	72.421
S. Borja Indios, Cuzco	53							53			53
S. Bernardo, Cuzco	57							57			57
Obraje Pichuchurro	203	79.810		162.415		156.500		398.928	49.429	205.929	192.999
Colegio de Maranga	2.422	33.077	5.931	282.543	30.000	47.575	8.730	410.278	3.392	59.697	350.581
Colegio Huancavelica	261	2.745	5.893	21.345		32.984		63.288	960	33.944	29.284
Colegio de Arequipa	25.576	21.874	36.704	384.890	11.053	43.000	20.449	543.546	811	64.260	479.286
Colegio de Moquegua		5.538	10.184	146.976	19.000	5.000		186.698	1911	6.911	179.787
Colegio de Ica	10.714	19.612		288.036	8.024	24.250		350.636	30.025	54.275	296.361
Colegio de Pisco	3.740	20.572	512	191.929	11.000	26.200	4.592	258.545	28	30.820	227.725
Colegio de Trujillo	26.340	29.718	4.399	177.527	29.000	91.970	7.270	366.224	31.177	130.417	235.807
Misión de Mojos				189.207	158.625			347.832			347.832
Totales	178.732	952.671	227.577	6.181.756	1.716.747	1.506.065	387.270	11.150.818	444.587	2.337.922	8.812.896

Fuente: ANCH, Jesuitas, v. 349, n. 4, f. 39.

Lima como centro financiero, 1750-1987[1]

Una de las funciones más resaltantes de la ciudad de Lima es su condición de centro financiero hegemónico en el Perú. El rol financiero que ha cumplido la urbe limeña se relaciona estrechamente con tendencias históricas hacia la centralización y concentración en desmedro del interior del país. Así, la concentración política y económica en Lima ha evolucionado, presumiblemente, juntamente con la concentración financiera tan evidente en nuestros días. Algunos críticos inclusive señalan que la concentración financiera y económica en Lima es una causa importante del subdesarrollo peruano.[2]

El presente trabajo esboza en forma sucinta la evolución histórica de Lima como centro financiero y analiza los efectos que dicha concentración financiera ha tenido en la economía y sociedad peruanas. La pregunta central que guía nuestro argumento es: ¿cumplió Lima un rol positivo en el desarrollo y diversificación económica del Perú? La evidencia que se expone aquí indica la existencia de distintas fases

1. Publicado originalmente en: *Ibero-Amerikanisches Archiv*, vol. 17, n.° 4: 331-342. Berlín, 1991.
2. Gonzales de Olarte 1982: 201-203, Montoya 1980: 60-70, Hopkins 1981: 183.

en la evolución financiera de Lima. Aunque crecientemente adversas para el desarrollo integral del país en épocas recientes, sobre todo desde 1930, en algunas de estas fases se advierten sin embargo avances substanciales en el sector moderno del país. En otras palabras, el desarrollo financiero en Lima y su región quedó truncado en el objetivo último de dinamizar al resto del país. La historia financiera de Lima refleja en última instancia el deterioro de una metrópoli otrora pujante y dinámica.

El legado colonial

A pesar de ser cabeza del virreinato y el comercio colonial desde el siglo XVI, Lima realmente empieza a centralizar recursos financieros a partir de la segunda mitad del siglo XVIII a raíz de los esfuerzos borbónicos por volver más eficiente la administración colonial.[3] Los mecanismos de crédito colonial habían cumplido hasta entonces funciones más bien tradicionales bajo la tutela de instituciones eclesiásticas con fuertes vinculaciones en el interior del país.[4]

La expulsión de los jesuitas en 1767, la consolidación de los vales reales (1806-1809), la abolición y expropiación de la Inquisición (1813-1815) y, sobre todo, la restructuración de la deuda pública colonial desde 1777, complementada por las medidas financieras de emergencia durante la administración del virrey Abascal (1806-1816), transforman las finanzas coloniales. El Estado asume en gran medida los créditos eclesiásticos y el Tribunal del Consulado basado en Lima se encumbra como agente financiero del gobierno.[5]

---

3. Anes et ál. 1970; Riley 1980: 165-174; Tribunal del Consulado, "Toda Imposición, 1819", leg. 349, libro 1237A, serie H-3, Archivo General de la Nación, Lima.

4. Hamnett 1973: 113-132.

5. "Expediente sobre la venta de los bienes de obras pías en los reinos de Indias", Gobierno, Lima, leg. 769; Abascal al Presidente de Castilla, 8 abril 1809, Gobierno, Lima, leg. 738, Archivo General de Indias, Sevilla. "Expediente sobre la ocupación del Tribunal de la Inquisición", 7 diciembre 1813, sección Inquisición, leg. 48002, Archivo Histórico Nacional, Madrid. Rodríguez Casado y Calderón Quijano 1944.

Lima se convierte así en el centro de nuevas relaciones financieras dirigidas a incrementar la eficiencia en la administración colonial borbónica. Por ejemplo, para la administración de la consolidación de los vales reales se crea una institución basada en Lima encargada de recolectar los fondos de todos aquellos censos eclesiásticos que el Estado asumió y obligó cancelar a los deudores de instituciones eclesiásticas. Asimismo, el Tribunal del Consulado concentró sus actividades en la administración de la deuda pública colonial en Lima.

Así tenemos que a finales del régimen colonial los intereses políticos, económicos y financieros habían hecho de Lima un bastión de centralización financiera que sustentó los esfuerzos realistas contra la amenaza de independencia que presionaba desde el interior y el exterior del virreinato. La élite financiera limeña, vinculada estrechamente al Estado colonial a través de la deuda pública colonial, sufrió pérdidas enormes al triunfar la causa de la independencia. Los gastos bélicos ocasionados por la defensa del orden colonial contra los intentos independentistas dan como resultado un legado de medidas fiscales de emergencia y endeudamiento público crónico.[6]

El guano y las finanzas del siglo XIX

Hasta el año 1850 la fuertemente debilitada élite mercantil limeña pugnó por mantener los privilegios de que gozó durante la época colonial. Sus esfuerzos no alcanzaron resultados definitivos debido a la crisis fiscal crónica, las medidas financieras de emergencia de la república inicial y el descuido en el pago de la deuda pública. A diferencia del vínculo colonial entre el Estado y la élite limeña, el nuevo Estado republicano, entre 1824 y 1850, se vio incapacitado de otorgar las garantías y privilegios necesarios para la reproducción de Lima como centro financiero.[7]

---

6. "Informe que presenta la comisión de la deuda española y secuestros", 20 de febrero de 1865. Manuscritos 1865/D2845, Biblioteca Nacional, Lima.

7. Gootenberg 1989, Mathew 1970, Quiroz 1987b.

Sin embargo, con la llegada de los ingresos del guano que el Estado obtenía a través de la consignación de su explotación y venta en el extranjero por parte de particulares, la relación financiera entre la élite limeña y el Estado se modificó. Nuevos intereses de comerciantes nativos y extranjeros pugnaron por obtener el control de la comercialización del guano, a la vez que realizaban un sustancial negocio con la especulación de los vales de deuda pública interna y externa. Del mismo modo, los nuevos comerciantes de corte liberal intentaron influir en la legislación comercial. Las tendencias liberales y tradicionales dentro de los acreedores del Estado dieron como resultado un sistema híbrido de finanzas públicas y privadas.[8]

La época del guano se caracterizó, de un lado, por un relativo auge de algunos capitalistas locales, y de otro, por el fortalecimiento del Estado intervencionista, sobre todo a raíz del manejo financiero de Nicolás de Piérola y el presidente José Balta (1868-1872), quienes optaron por un fuerte endeudamiento externo. Este frágil arreglo que oscilaba entre un régimen liberal y otro conservador en materia de política económica produjo un desastre financiero de negativas consecuencias para Lima y el Perú en general.[9]

Desde la consolidación de la deuda interna (1850-1860) los fondos provenientes del guano se concentraron en manos de oficiales corruptos (consolidados) y especuladores financieros. Los efectos económicos y financieros de la consolidación y los ingresos posteriores del guano se notaron sobre todo en la ciudad de Lima y sus suburbios. Nuevos ranchos y residencias aparecieron en Barranco y Chorrillos, balnearios favoritos de la élite limeña. Se dan importantes pasos hacia la modernización de Lima mediante la destrucción de la antigua muralla colonial a cargo del contratista norteamericano Henry Meiggs. Al mismo tiempo los precios de los alimentos de Lima empiezan a incrementarse como resultado de la mayor demanda de consumo y la concentración de la riqueza en la ciudad.[10]

---

8. Mathew 1985: 255-319, Bonilla 1974.

9. Camprubí 1957.

10. Fuentes 1858, Leu-bel 1861, Barbagelata y Bromley 1945.

Aparecen los primeros bancos en la década de 1860: el Banco de la Providencia, el Banco del Perú, el Banco Nacional y el Banco de Lima, fueron instituciones de emisión; el Banco de Crédito Hipotecario y el Banco Territorial Hipotecario proporcionaban crédito hipotecario que benefició en un principio a los dueños de haciendas costeras orientados hacia la exportación; los bancos regionales, que no sobrevivirán la Guerra del Pacífico; y el extranjero Banco de Londres y Sudamérica, así como el Banco del Callao, instituciones netamente comerciales que constituirán el embrión en el renacer financiero de Lima después de la guerra de 1879.

Al concentrarse los recursos financieros provenientes del guano en Lima y al fracasar los intentos grandilocuentes del Estado por construir costosísimos ferrocarriles, las regiones del interior del país se van divorciando cada vez más de Lima y la región costeña. Al mismo tiempo, el sector moderno se va desarrollando en la costa mientras que en la sierra la minería y el comercio decaen.[11]

Los efectos financieros del ciclo agroexportador

Después de la Guerra del Pacífico (1879-1883) la economía costeña tardará aproximadamente dos décadas en recuperarse. Por lo tanto, la diferencia que se iba perfilando entre Lima y el interior en la época del guano no será tan notoria antes de 1900. Con la recuperación económica, basada esta vez en los ingresos de particulares por la exportación del azúcar y el algodón, Lima volverá a recobrar su condición de centro financiero hegemónico con renovado ímpetu.[12]

Los teóricos que se dedican a estudiar los polos de crecimiento no niegan de antemano la necesidad del surgimiento inicial de centros financieros. Al facilitar los flujos financieros y reducir los costos en el financiamiento debido a adelantos institucionales, los centros financieros sirven de ayuda imprescindible en el desarrollo de una economía subdesarrollada. Sin embargo, en la consecución del desarrollo económico moderno, una mejor distribución regional y social de la

---

11. Concejo Provincial de Lima 1870.
12. Thorp y Bertram 1978, Quiroz 1989.

riqueza debe complementar la aparición de centros financieros.[13] En el caso de Lima y el resto del Perú, durante la primera fase surgió un dinámico centro financiero entre 1900 y 1929; empero, la segunda fase redistributiva proyectada para el interior del país quedó truncada por factores que analizaremos más adelante.

Al evaluar la evidencia con respecto al rol de Lima como centro financiero durante el ciclo agroexportador, es posible constatar que los bancos y las demás instituciones financieras que surgieron en Lima contribuyeron al traslado de activos financieros desde el sector exportador a otros sectores de la economía peruana. Obviamente los primeros sectores en beneficiarse fueron el urbano y el de servicios en Lima. La capital creció en extensión urbana y se mejoró sustancialmente el saneamiento, transporte y electrificación de la ciudad. Los precios de la propiedad urbana se incrementaron notablemente y constituyeron fuente segura de inversión, a la vez que otorgaron buenos negocios y bancos, instituciones hipotecarias, compañías de seguros y urbanizadoras. El mercado limeño en crecimiento empezó a sustentar una embrionaria industrialización que benefició a los capitalistas orientados a la demanda interna. Nunca antes ni después le cayó mejor a Lima el epíteto de "ciudad jardín" como en la década de 1920; sus mejores obras de urbanización, calles y avenidas, parques públicos y monumentos datan de dicha época.[14]

Es más, a partir del notable *boom* agroexportador de la Primera Guerra Mundial, los agroexportadores nativos multiplicaron sus ingresos e intentaron independizarse de acreedores extranjeros al pagar sus deudas e, inclusive, controlar instituciones financieras, como en el caso del Banco del Perú y Londres entre 1919 y 1929.[15]

---

13. Kindleberger 1974: 2, 6; Tipton 1976; Taft Morris 1984: 145-181.

14. Banco del Callao y Banco del Perú y Londres: "Actas de reuniones del directorio" y "Actas de reuniones de accionistas", Superintendencia de Banca y Seguros, sección liquidaciones, Lima (SBSL). Bardella 1989, Oficina de Periodismo 1921, *The West Coast Leader* (Lima 1920-1930), informaciones mercantiles e industriales: *El Perú en su centenario* 1921.

15. Banco del Perú y Londres: "Directorio" (vol. 11, n.º 1293, marzo 1920, p. 185); "Accionistas" (vol. 3, pp. 25-27, 42-45, SBSL).

Todo parece haber funcionado favorablemente para la élite financiera limeña hasta que el modelo agroexportador empezó a tener dificultades debido a la baja de los precios del azúcar y el algodón en el mercado internacional. Paralelamente, el Estado y el capital financiero internacional avanzan en su intervención y participación en la economía y el sector financiero peruano. Las finanzas públicas y el financiamiento extranjero se ligan hacia finales de la década de 1920 a través de la creciente deuda externa que se contrajo en el régimen de Augusto B. Leguía.[16]

La concentración y centralización financiera en Lima continuarán su tendencia sin que el Estado pueda revertirla. Mientras, el sector privado irá perdiendo autonomía e iniciativa, al mismo tiempo que el sector urbano de Lima seguirá siendo un buen negocio y la inmigración del interior hacia la gran ciudad se multiplicará.[17]

Algodón y concentraciones financieras, 1930-1950

La exportación del algodón cumplió un rol importante en la relativa recuperación de la economía peruana en la década de 1930. Sin embargo, las décadas que van de 1930 a 1950 significaron, por el contrario, el gradual encumbramiento de un sector reducido de industriales protegidos por el Estado y con acceso a amplio crédito otorgado por el capital financiero local y extranjero. Lima y el Callao se convirtieron así en el nudo industrial del país, al darse ventajosas condiciones de mercado, además de facilidades arancelarias y de crédito.[18]

El principal problema del modelo de sustitución de importaciones que se adaptó en el Perú fue la formación de oligopolios industriales y financieros, en un primer momento vinculados al Banco Italiano

16. Yrigoyen 1928: 31-41, Leguía 1936.

17. Alexander 1922, 1927.

18. US Department of Commerce, Bureau of Foreign and Domestic Commerce, Latin American Section: "Manufacturing in Perú", Special Circular n.° 324 (Washington 1934, p. 1). Portocarrero 1986: 21.

(luego Banco de Crédito, con mayoritaria participación de capital italiano y suizo) y el Banco Popular, de propiedad de la familia Prado.[19]

Durante los gobiernos de Manuel Pardo y Luis Bustamante, la introducción de fuertes medidas proteccionistas, de cuotas de importaciones altamente favorables a los importadores de maquinaria industrial y de controles cambiarlos desfavorables a los exportadores tuvieron consecuencias negativas para el resto del país. La inflación actuó como verdugo del sector de ahorristas en Lima y en el interior. Tanto los exportadores como el resto del país financiaban con estas pérdidas al sector oligopólico industrial. Entretanto, en lugar de darse una redistribución financiera hacia sectores potencialmente más productivos (por ejemplo los sectores agrarios, comerciales y de servicios del interior), los activos financieros se concentraban en Lima y el sector industrial, que solo dejaba amplios márgenes de ganancia a una minoría. Esta concentración de recursos industriales y financieros en Lima parece haber sido la causa principal por la cual no se pudo mantener un balance entre el crecimiento de la capital del país y el del interior. Lima continuó atrayendo a inmigrantes y se desaprovecharon las oportunidades de inversión en el resto del territorio.[20]

Odría y Lima como macrocéfalo financiero

El golpe militar de 1948 trajo como consecuencia una momentánea orientación económica liberal y exportadora bajo un régimen dictatorial. Sin embargo, las concentraciones y protecciones industriales no se revierten. La tendencia internacional de apoyo a la sustitución de importaciones refuerza la transferencia de recursos al sector industrial.[21] El crecimiento económico de la década de 1950, empero, tiene su causa principal en los ingresos de un sector exportador novedoso: la pesca industrial.[22]

---

19. "Annual General Meeting of Shareholders of Banco Italiano" (en *The West Coast Leader,* 20, n.º 1046, 1 May 1932, p. 4); Cicarelli 1988, Bardella 1989, Portocarrero 1986.

20. Ferrero 1946: 51.

21. Bustamente y Rivero 1949.

22. Roemer 1970.

Los bancos limeños proporcionaron crédito para el desempeño de nuevos capitalistas ligados a la pesca. Naturalmente, debido a que las actividades de pesca se realizaban en la costa, la concentración financiera continuó creciendo en Lima y la costa central. El porcentaje de préstamos bancarios comerciales y los hipotecarios colocados en Lima se incrementa en lugar de disminuir. Odría trata de paliar los obvios efectos negativos de las concentraciones industriales y financieras con una política populista que tendrá consecuencias nefastas al largo plazo para Lima como centro urbano. Al reconocer legalmente las barriadas que surgen en terrenos estatales, ante la carencia de viviendas para inmigrantes provincianos, sin proporcionar adecuado saneamiento y servicios, se va formando una cordón de pobreza que cambiará radicalmente el carácter social de la capitald el país.[23] El centro macrocéfalo limeño sufre entonces las consecuencias de la concentración financiera en la forma del deterioro de sus funciones urbanas.

Con el segundo gobierno de Prado y el primero de Belaunde los tímidos esfuerzos de reforma agraria fracasan igualmente en la disminución de la concentración limeña.[24]

El endeudamiento militarista y el populismo aprista

Las reformas supuestamente nacionalistas que introdujeron los militares a partir de 1968 le costaron al Estado y al público peruano un fuerte endeudamiento externo. Es más, al centro de las reformas militares se evidencia una vez más el apoyo de intereses industriales limeños. La ley de promoción industrial, la comunidad industrial, el control del movimiento sindical y sobre todo la política financiera controlista impuestas por los militares favorecieron a un sector de capitalistas reducido y trajeron pocos beneficios en el largo plazo a las masas urbanas y provinciales.[25]

---

23. Collier 1976.
24. Diez Canseco 1960: 12.
25. Becker 1983.

Lima se convirtió en la sede de elefantiásicos ministerios y empresas públicas financiadas por un gasto público deficitario y dependiente del crédito externo. Por otro lado, el crédito a la agricultura comercial por parte de los bancos privados decrece sustancialmente como consecuencia de la reforma agraria. Los militares incrementan la intervención estatal en el sector bancario y financiero para llevar adelante sus medidas antieconómicas. Algunos bancos privados se "asocian" al Estado. El resultado se refleja en el menor ahorro del público peruano debido a la inflación galopante y en el fortalecimiento del mercado negro de dólares y el sector financiero y empresarial informal. El público prefiere invertir en la construcción como la alternativa más segura. Lima se convierte en una megalópolis pauperizada.[26]

El segundo gobierno de Belaunde hace poco por deshacer el enorme aparato estatal alimentado por los militares en la década de 1970. La reprivatización de empresas públicas no avanza un ápice. En todo caso, Lima para entonces está en crisis crónica.[27] Las enfermedades epidémicas hacen su aparición entre la población de pueblos jóvenes sin adecuados servicios de saneamiento.

La demagogia del no pago de la deuda externa por parte del gobierno aprista desde 1985 necesariamente desemboca en la controvertida expropiación bancaria en julio de 1987. Ya antes se habían dado medidas controlistas de la divisa extranjera a favor de los industriales y en contra de los exportadores y público en general. La expropiación misma se ve complicada por el creciente negocio clandestino del narcotráfico, que deja abundantes ingresos en dólares baratos. Lima se transforma en un gigantesco mercado de lavado de dólares. El Banco Central compra dólares del público en un mercado repentinamente liberalizado. El jirón Lampa cumple el rol de un deteriorado Wall Street limeño sustentado por las divisas extranjeras denominadas narcodólares por el público. La crisis económica y financiera parece no tener

---

26. O'Mara 1974: 48-49.

27. Wise 1988.

límites.[28] Ante estas circunstancias, el problema de Lima como macrocéfalo financiero se vuelve intratable.

En conclusión, los adelantos de Lima como centro financiero hasta 1930 no se vieron complementados por una redistribución sustancial de los recursos financieros en el interior del país después de dicho año. Esta deficiencia crucial se debió, en gran medida, al refuerzo de la tendencia a la concentración financiera en Lima por parte de políticas intervencionistas del Estado y su apoyo, junto con el del capital extranjero, a un modelo de sustitución de importaciones que acarreó desmedidos costos internos. En la década de 1970, la política "nacionalista" y financieramente controlista del régimen militar no fue más que una nueva versión de sustitución de importaciones financiada, esta vez, por un fuerte endeudamiento externo que los peruanos todavía pagan penosamente hoy en día. El populismo aprista volvió a intentar medidas financieras y monetarias descabelladas que inicialmente condujeron, una vez más, a beneficiar a una minoría política y financiera. Inevitablemente, sin embargo, estas medidas, que incluyeron la nacionalización de instituciones financieras en 1987, desembocaron en un gigantesco lavado de dólares provenientes del narcotráfico en las calles cada vez más deterioradas del otrora pujante centro financiero limeño.

Resumen

Desde las reformas financieras borbónicas Lima fue perfilándose como centro financiero centralizador y hegemónico en el Perú. La élite mercantil y financiera limeña, estrechamente vinculada al Estado colonial a través de la deuda pública, se debilitó irremediablemente con la independencia. Durante la época del guano nuevos sectores financieros surgieron en Lima, pero estos no pudieron imponerse sobre tendencias más tradicionales que apoyaron la intervención financiera de un Estado fuertemente endeudado con el exterior. Lima, sin embargo, se diferenció del resto del país como el área que más se benefició del *boom* guanero.

---

28. Para una interpretación alternativa véase Parodi 1990.

Luego de la Guerra del Pacífico Lima se recupera del descalabro económico y financiero, y resurge como centro financiero hegemónico. Sin embargo, la positiva función financiera que le cupo cumplir hasta 1930 no se vio complementada por una mejor distribución financiera a escalas regional y social desde 1930 hasta nuestros días. Así, la tendencia a la concentración financiera en Lima no fue contrarrestada por medidas eficientes. Al contrario, políticas financieras favorables a las concentraciones industriales y financieras en Lima disminuyeron paulatinamente el rol positivo que la capital hubiera podido cumplir en la dinamización económica de un Perú moderno.

Consecuencias económicas y financieras del proceso de la independencia en el Perú, 1800-1850[1]

Los efectos económicos a largo plazo de la independencia no han sido cabalmente evaluados para el caso peruano.[2] En la literatura pertinente se ha dado énfasis a los asuntos ideológicos, políticos y sociales, mientras que los aspectos económicos se tratan por lo general superficialmente y en función de los cambios superestructurales.[3] Sin duda, la carga ideológica del tema ha servido para demorar interpretaciones económicas alternativas. Las sonadas polémicas recientes poco han contribuido a iluminar el problema desde el ángulo económico.[4] Es

---

1. Publicado originalmente en: Leandro Prados y Samuel Amaral (comps.). *La independencia americana: consecuencias económicas*. Madrid: Alianza Editorial, 1993, pp. 124-146.

2. Se cuenta, sin embargo, con el importante trabajo cuantitativo y analítico pionero de Hunt (1985) para el periodo posterior a la independencia.

3. La literatura de la independencia incluye la monumental obra de la Comisión del Sesquicentenario (1971-1981), la corriente "nacionalista" de Carlos Daniel Valcárcel y José Agustín de la Puente, entre otros, así como la corriente revisionista que intentó socavar las bases ideológicas de la historiografía anterior sin otorgar una perspectiva alternativa: Bonilla et ál. 1981 y Bonilla 1984; véase Flores-Galindo 1987.

4. Flores-Galindo 1987: 7-16.

notoria pues la ausencia de un análisis macroeconómico de la época como el realizado para los casos de México y España.[5]

El presente estudio intentará discutir varios temas económicos y financieros con el afán de definir con mayor claridad los problemas metodológicos y detectar los principales vacíos en la investigación cuantitativa necesaria para evaluar los cambios que, en el ámbito económico, trajo consigo la independencia en el Perú.

La cuestión central a plantearse es si la independencia proporcionó a las excolonias las bases necesarias de un ulterior crecimiento económico o, por el contrario, fue la causa principal de un prolongado estancamiento.

El proceso de la independencia peruana difiere en mucho de otros casos en Hispanoamérica. Perú y Bolivia fueron los últimos países que se independizaron en Sudamérica; es más, la fuerza decisiva que hizo posible la independencia de estos dos países provino del exterior, de los ejércitos argentino, chileno y neogranadino. Al mismo tiempo, un sector mayoritario de la élite colonial peruana se afilió a la causa realista con el fin de defender sus intereses económicos, y, en consecuencia, la dirigencia económica local se debilitó irremediablemente con el triunfo de la independencia.[6] Por otro lado, a la destrucción causada por las campañas militares se unió la inestabilidad política, institucional y social crónica después de la independencia, con graves perjuicios para la producción. No se dieron pasos para agilizar el comercio exterior (como en Argentina). En lugar de operar un régimen liberal o semiliberal después de la independencia, se continuaron aplicando políticas comerciales de carácter mercantilista y proteccionista durante las primeras décadas republicanas.[7]

Así, el argumento contrafactual para el caso peruano puede plantearse de la siguiente manera: ¿era todavía viable el modelo económico colonial que la independencia transformó? ¿Hubiera podido verificarse un mayor crecimiento económico que el que efectivamente se

5. Coatsworth 1978. Prados de la Escosura 1982a, 1982b.

6. Flores-Galindo 1984.

7. Gootenberg 1989.

dio después de la independencia? En el intento por aproximarse a las respuestas a estas preguntas se tratará aquí de evaluar y cuantificar los cambios que la independencia acarreó en la producción, comercio, acumulación y actividades financieras en el Perú.

A continuación se revisan, en primer lugar, las distintas posiciones y metodologías con respecto a las perspectivas del modelo económico colonial hacia finales de la época colonial. En segundo lugar, se consideran los cambios productivos y de precios que se dieron con la independencia. En tercer lugar, se evalúan los cambios introducidos en el comercio y política comercial. Finalmente, se discuten nuevas evidencias sobre los cambios financieros ligados a medidas fiscales y de deuda pública y su relación con los intereses, inversión y acumulación privados.

La polémica sobre la viabilidad del modelo colonial

En rasgos generales, el modelo económico colonial peruano, de carácter mercantilista, se basaba en la protección y subsidio estatal de la producción minera de plata, la cual, a su vez, proporcionaba el principal producto de intercambio interoceánico. La presencia de otras mercancías en el comercio entre colonia y metrópoli, tales como tabaco, cueros y otros productos, era minoritaria. Parte de la plata ingresaba a las arcas fiscales directamente a través de mecanismos impositivos. Sin embargo, el sector de comerciantes locales lograba acceder a parte de la plata a través del comercio triangular, es decir, el intercambio de productos europeos importados por productos domésticos, y estos últimos, a su vez, por plata en los mercados de los centros mineros. Además, subsidiariamente, los intereses comerciales de Lima obtenían beneficios (hasta 1810) del comercio entre el azúcar peruano y el trigo chileno. Sin resultar extremadamente ventajoso para los intereses locales, este sistema colonial proporcionaba, sin embargo, la necesaria estabilidad en una economía de mercados limitados y fuertemente regimentados por la autoridad y la tradición.

Varios autores han dado una respuesta negativa a la pregunta de la viabilidad de este modelo económico colonial.[8] Hacia 1819 la economía colonial peruana estaba, de acuerdo con estos autores, en franca decadencia, y sus posibilidades de desarrollo agotadas. La extrema pobreza, el atraso económico y una obstinada resistencia a la independencia demostrarían, supuestamente, la incapacidad económica y política de la élite colonial peruana. También se ha especulado sobre la inexistencia de un sector económico dinámico, como los de Caracas o Buenos Aires, que forjara una élite proindependentista y moderna.[9] Las guerras de la independencia no hicieron más que ahondar la crisis colonial, que para el caso peruano se remontaba, de acuerdo con Céspedes del Castillo, a la pérdida territorial del sector minero altoperuano, que pasó a ser parte del virreinato del Río de la Plata en 1776.[10]

Asimismo, para algunos, el sector agrícola azucarero norteño experimentó una aguda crisis en el siglo XVIII (debido a la caída del precio del azúcar, la escasa reinversión y el alza de costos laborales), lo mismo que el sector ganadero en el altiplano peruano.[11] Además, en recientes esfuerzos comparativos se señala que la colonia peruana careció del nivel de diversificación y crecimiento verificado en México en el siglo XVIII, aunque los contrastes entre las regiones en el Perú hayan sido evidentes.[12]

Sin embargo, otros historiadores han contribuido con nuevas bases fácticas que refutan la interpretación de la inviabilidad del modelo colonial. Los estudios de Fisher sobre la minería de finales del siglo XVIII nos indican que hubo un repunte en la producción de plata con la apertura de nuevas minas en el norte y centro de la colonia, a pesar de la pérdida de Potosí, las dificultades técnicas impuestas sobre la minería y el colapso de las minas de mercurio de Huancavelica en 1786[13]

---

8. Anna 1979, Hamnett 1978.
9. Bonilla et ál. 1981.
10. Céspedes del Castillo 1947.
11. Susan Ramírez 1986, Jacobsen 1982.
12. Jacobsen y Puhle 1986: 18-19.
13. Fisher 1977.

(la producción minera de Potosí también aumentó hasta la crisis coyuntural de 1801-1805).[14]

Asimismo, se plantean serias dudas sobre una crisis agrícola generalizada en el siglo XVIII. Según Cushner, la recuperación de las haciendas jesuitas hasta 1767 (año de la expulsión de la orden jesuita) pudo haber reflejado una tendencia al alza de la economía colonial en general, según lo atestiguan las cifras de la Tesorería de Lima proporcionadas por el estudio cuantitativo a largo plazo de Klein y TePaske.[15] Además, las haciendas jesuitas vendidas por remate a particulares después de 1767 diversificaron las actividades de comerciantes españoles y criollos, y contribuyeron a robustecer a la élite colonial y sus clanes familiares.[16]

Por otro lado, según recientes investigaciones, la supuesta crisis comercial a largo plazo no se verificó. A partir de 1776, tanto en Lima como en Potosí, el comercio se reorientó sin entrar en una crisis prolongada. Los comerciantes limeños perdieron el monopolio comercial, pero siguieron participando en la provisión de productos a Potosí. Un nuevo contingente de mercaderes experimentó una mayor elasticidad de la demanda de importaciones.[17] Además, en la colonia tardía se consolida una élite vinculada al comercio con España y al intercambio entre el azúcar peruana y el trigo chileno. Antes de la independencia los comerciantes limeños contaban con la mejor flota mercantil del Pacífico, la cual desaparecerá con la independencia.[18] Además, como se explicará más adelante, el sector privado colonial sostuvo un sistema de deuda colonial que funcionará con relativa eficiencia hasta 1819, y que lo vinculará financieramente al gobierno colonial.

En consecuencia, en la polémica sobre la inviabilidad del modelo colonial tardío es necesario precisar los periodos en cuestión. Las últimas décadas del siglo XVIII, cuando la economía colonial no daba

---

14. Tandeter y Wachtel 1983, Tandeter 1991.

15. Cushner 1980: 154-155, TePaske y Klein 1982.

16. Aljovín de Losada 1990.

17. Haitin 1983; Tandeter, Acosta y Milletich 1991.

18. Flores-Galindo 1984.

muestras de estancamiento, contrasta visiblemente con las dos primeras décadas del siglo XIX, cuando el sistema colonial peruano se resistía a sucumbir a las presiones independentistas. El virrey Abascal, quien tanto contribuyó a la descapitalización local por motivos urgentes de defensa militar, opinaba en 1813 que el estado político y económico de las provincias era deplorable: "Un reino tan atrasado como si acabase de salir de la mano de la naturaleza".[19] Esta opinión era muy diferente a la de otro virrey, el marqués de Osorno, quien en 1800 no encontraba novedad que comunicar a Madrid en relación con los intentos revolucionarios de Miranda desde Londres, pues en la colonia peruana

> [...] los habitantes en general aman al Rey: conocen las ventajas, alivio y decoro que les proporciona el poseer tranquilamente sus propiedades de posesiones hermosas libres de todo gravamen; su comercio interior a todas partes; la agricultura floreciente; y las minas les producen a proporción del travajo [sic] y aplicación [...].[20]

Nos inclinamos a pensar que estas opiniones reflejan dos situaciones distintas que indican un cambio brusco ocurrido en la colonia peruana en los inicios del siglo XIX. Un cambio similar es detectado por Tandeter en la economía de Potosí hacia 1801-1805.[21] Las guerras europeas en las cuales se vio comprometida España desde 1796 y las incesantes intentonas independentistas, sobre todo a partir de 1810, paralizaron el comercio intercontinental por largas temporadas. La minería y la agricultura sufrieron asimismo las consecuencias de estas interrupciones. La administración colonial incrementó su dependencia del crédito interno para poder sustentar esfuerzos bélicos sin precedentes. Todos estos son elementos extraeconómicos que no pueden ser utilizados como evidencia del agotamiento de las posibilidades del modelo colonial. En todo caso deberían considerarse como los

19. Carta de Abascal; Lima, 30 de septiembre de 1813; Gobierno, Lima, leg. 1010, Archivo General de Indias, Sevilla (AGI).

20. El marqués de Osorno al Ministro de Estado; Lima, 26 de julio de 1800; Estado, leg. 74, doc. 16, AGI.

21. Tandeter 1991.

iniciales efectos de la independencia, que transformó irreversiblemente el modelo colonial.

A continuación realizaremos un análisis de los más resaltantes cambios que introdujo la independencia a base de información cuantitativa existente sobre los sectores productivos y la evolución de precios. A manera de hipótesis por comprobar, nos permitimos dudar de la validez del argumento de la inviabilidad económica del modelo colonial.

La producción y los precios después de la independencia

La producción de plata continuó siendo el sustento del disminuido comercio exterior peruano después de la independencia. La plata siguió utilizándose como principal artículo de exportación antes del meteórico ascenso del fertilizante guano hacia la década de 1840. Sin embargo, tres cambios distinguen la economía republicana inicial de la economía colonial. En primer lugar, el Estado republicano (en crisis fiscal crónica) recurre a cargas impositivas excesivas sobre la minería sin proveerla y protegerla como lo hacía la administración colonial. En consecuencia, el sector minero no tenía otra alternativa que depender del crédito comercial y capitales privados, que, inclusive antes de la independencia, no estaban dispuestos a arriesgar capital a largo plazo. En segundo lugar, la inestabilidad política e institucional típicas de las luchas entre caudillos añadieron dificultades formidables a la recuperación minera, agraria y comercial. Finalmente, a diferencia del modelo colonial, la nueva élite local se vio financieramente debilitada así como fragmentada en sus vinculaciones con la minería, la agricultura y el comercio.

Durante la época republicana inicial no se agregaron nuevas minas a las que ya existían antes de la independencia: Cerro de Pasco, Hualgayoc (Cajamarca) y varias pequeñas en Puno y Arequipa. El grueso de la producción provenía, sin embargo, de Cerro de Pasco, que producía, en quinientos socavones entre activos y abandonados, cerca del 70% del total de plata en la república inicial. Después de décadas de postración, una corta recuperación de Cerro de Pasco se verifica recién en 1840-1843 (coincidiendo con una continuada deflación en el nivel general de precios internos), para luego recaer irremediablemente en lo que resta del siglo (véase gráfico 1). A excepción de los lavaderos de oro de Puno, los otros asientos mineros de la sierra norte (Trujillo y Cajamarca) y del sur (Arequipa) se estancaron desde la independencia debido a la destrucción y abandono de capital fijo, y por razones que se ven más claramente si se observan las dificultades enfrentadas por los mineros en Cerro de Pasco.[22]

Las máquinas de desagüe a vapor (una innovación técnica necesaria para continuar la producción en Cerro de Pasco debido a inundaciones cada vez más frecuentes a medida que se avanzaba en las excavaciones), instaladas hacia 1815 por la Compañía de Máquinas de Vapor de los promotores coloniales Pedro Abadía y José Arismendi, fueron destruidas durante las luchas por la independencia. Lamentablemente, en la república inicial estas máquinas no se lograron reponer eficazmente a pesar de los intentos de la Compañía Pasco Peruana, integrada por capitalistas locales y británicos. La empresa Pasco Peruana se reorganizó en 1829, pero sucumbió finalmente en 1833, demostrándose así la fragilidad empresarial de la minería poscolonial.[23]

Por tanto, uno de los problemas más serios en Cerro de Pasco después de la independencia fue el problema técnico de desaguar las minas ante el fracaso de la reinstalación de las máquinas a vapor. Era imprescindible encontrar un método que permitiera la explotación de las minas a mayor profundidad. Recién en 1839, después de muchas dificultades de índole financiera y legal, se completa el dilatado proyecto del socavón de desagüe de Quiulacocha, cuyos trabajos iniciales y trazado original fueron realizados con anterioridad a la independencia en 1806. En consecuencia se verifica un aumento en la producción entre 1840 y 1843. Pronto, sin embargo, el socavón deja de proporcionar las ventajas esperadas debido a falta de mantenimiento y a la necesidad de mayor inversión, que no se verificó.

---

22. Deustua 1986, cap. 3.

23. Álvarez Mayorga 1979: 56; Basadre 1971, I: 323.

Gráfico 1

Producción de plata y precios (índices, Perú, 1800-1850)

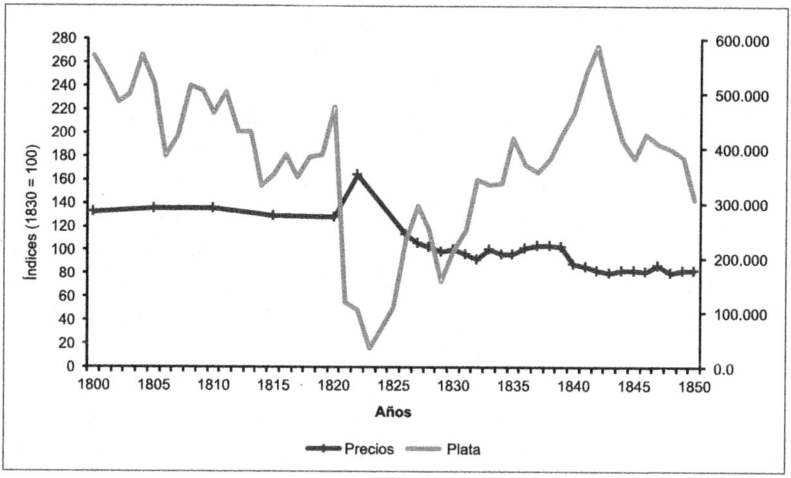

Fuentes: Gootenberg 1981, Deustua 1986.

Así, un segundo problema que enfrentaron los mineros de Cerro de Pasco fue el escaso financiamiento externo para sus proyectos de inversión y compra de insumos. Varias propuestas para el establecimiento de bancos de rescate (instituciones de crédito a largo plazo formadas con protección estatal colonial y administradas por el gremio minero), análogos a los que existían a fines de la colonia,[24] no se concretaron. Los mineros solo recibían crédito a corto plazo de comerciantes en Lima exclusivamente para la comercialización del mineral. La inversión a largo plazo en la minería no era parte de las actividades financiadas por los comerciantes. Dicha inversión provenía en lo esencial del autofinanciamiento de los mineros.

Añadido a estos problemas, los mineros se quejaban con frecuencia del alto precio del azogue (mercurio), que elevaba sus costos de producción. Todavía se seguía utilizando la técnica de amalgamación, como en la época colonial, para separar la plata del resto del mineral. Este insumo se tenía que importar de España después de la

24. Molina Martínez 1986, cap. 8.

independencia debido a la decadencia irreversible de las minas de mercurio de Huancavelica. El Estado republicano, a diferencia de la administración colonial, no proveía azogue subsidiado a los mineros.[25]

La política oficial de precios de la plata, establecida por el Estado luego de la independencia a través de las casas de moneda, constituía otro serio perjuicio para la minería. El precio internacional de la plata (bastante estable entre 1820 y 1850) era aproximadamente 40% más alto que los precios oficiales en el centro minero. Asimismo, el precio de la plata en los principales centros urbanos era 18% más alto que en el centro minero.[26] A esto habría que agregar los impuestos fiscales, que ascendían en ciertos años hasta a 20% del valor de la plata producida, además de otras imposiciones en los centros de fundición oficial y de los derechos sobre la exportación de la plata.

Esta política de precios e impuestos oficiales recortaba el margen de ganancia y acumulación de los mineros. Para la inversión a largo plazo en la minería, la reinversión de las ganancias de los mineros era fundamental. Así, el Estado, en lugar de fomentar la producción minera, obstaculizaba la inversión al apropiarse de una porción de los beneficios de la producción minera para dedicarla a gastos improductivos. Además, la política oficial de precios beneficiaba a los comerciantes, que compraban la plata a bajo precio en los asientos mineros para venderla a los más altos precios internacionales, sacando frecuentemente la plata del país sin pagar los derechos de exportación.

Lo atrasado del nivel técnico, la escasez y alto precio del capital para financiar la producción minera y la política asfixiante de precios oficiales y crecidos impuestos conspiraban para mantener estancada la minería y limitar el progreso social de los mineros. Significativamente, los beneficios de la minería decayeron, según cálculos de Hunt, del 25% en 1828 al 7,5% en 1851 (llegando al margen negativo de –11,75% en 1875).[27]

La limitada ganancia de los mineros se basó casi exclusivamente en la sobrexplotación de la fuerza de trabajo (en circunstancias de

---

25. Rivero y Piérola 1828, I.

26. Deustua 1986: 43-45.

27. Hunt 1973a: 50.

precios internos generales deprimidos) en sus distintas formas: "a partido", cuando se le daba al trabajador la mitad del mineral que extraía, descontándole de su parte los derechos del propietario de la mina y una quinta parte para cubrir los costos de desagüe; o jornales de cuatro a seis reales por jornada de trabajo, además de las velas y coca suministradas para el uso de los operarios. Los operarios mineros se dividían en barreteros, encargados de desprender el mineral en el interior de las minas, y los apiris, quienes transportaban el mineral a la superficie en bolsas que cargaban sobre sus espaldas. Los bolicheros, por otra parte, eran aquellos mineros que, sin contar con una propiedad minera, buscaban extraer y comercializar el mineral por su cuenta.[28]

Pasemos ahora a considerar la producción agrícola poscolonial. La situación de la agricultura después de la independencia demuestra una situación de postración aún más seria que la de la minería. La destrucción y cambios de la propiedad en las haciendas durante las luchas por la independencia y caudillescas republicanas y las fuertes fluctuaciones del precio internacional del azúcar causaron una crisis agraria persistente. La pérdida de los mercados de Bolivia (el mercado altoperuano fue incorporado al virreinato del Perú durante el gobierno del virrey Abascal y luego separado nuevamente al crearse la República de Bolivia en 1825), Ecuador y Chile erosionó considerablemente a la agricultura costeña peruana y al grupo terrateniente costeño.

Al igual que los mineros, los hacendados se vieron obligados a depender del costoso crédito a corto plazo (alrededor del 18%-24% anual comparado al 4%-6% anual de los censos durante la colonia) proporcionado por los comerciantes al irse extinguiendo las fuentes de financiamiento eclesiástico. En consecuencia, los fundos rústicos se deterioraron significativamente al añadirse a todos los problemas anteriores la escasez de mano de obra esclava debido a la legislación abolicionista ("vientre libre") y al declive del tráfico internacional de esclavos. En la agricultura de la sierra se evidenciará un predominio de la hacienda autosuficiente y el uso de fuerza de trabajo semiservil.[29]

---

28. Rivero y Piérola 1928, I: 102.

29. Engelsen 1977.

La agricultura de la costa central producía en 1839 aproximadamente tres millones de pesos básicamente en productos alimenticios.[30] En 1833 un vocero de los hacendados del departamento de Lima argüía que "ninguna de las clases del estado ha sufrido pérdidas tan considerables, ni agravios tan manifiestos, como la de los hacendados de las provincias litorales del departamento de Lima".[31] Denunciaba el uso de la fuerza para desposeer a los hacendados de sus propiedades, productos, dinero y brazos de labranza para sostener al ejército libertador. Señala al ministro Bernardo Monteagudo, radical iniciador de la política de secuestros (expropiaciones) a españoles, como uno de los principales responsables de tal crítico estado de cosas.

La nueva información de precios e índices de inflación proporcionada por el minucioso estudio de Gootenberg corrobora el diagnóstico del estancamiento económico entre 1825 y 1850, como lo muestra la evolución del índice general de inflación en el gráfico 1. En dichos años una deflación prolongada hasta 1846, así como una inflación moderada entre 1846 y 1854, pueden explicarse por las rupturas institucionales e inestabilidad general causadas por las luchas caudillescas que se sucedieron a partir de la independencia. Gootenberg especula además acerca de que el nivel de precios internos no se adaptó a los precios internacionales debido principalmente a las políticas comerciales proteccionistas (mercantilistas) poscoloniales.[32]

El comercio republicano inicial

La independencia de España no trajo, como los liberales de la época pensaron, una inmediata bonanza comercial al abolirse temporalmente las restricciones mercantiles de la colonia. Por el contrario, pronto medidas comerciales proteccionistas se imponen hasta 1850.

Después de una inicial pero efímera oleada de intercambio, estimulada por el bloqueo comercial de casi una década a causa de la contienda bélica de la independencia, el mercado peruano se satura

30. Córdova y Urrutia 1839, I: 33.

31. Pando 1833: 3.

32. Gootenberg 1990, 1989: 65-67.

hacia 1825-1827 y las actividades de importación se estancan. En 1821 más de cinco mil toneladas de cargamento de mercancías británicas aguardaban en la bahía de Ancón las órdenes del general San Martín para abarrotar inmediatamente el reducido mercado de la recién liberalizada Lima. En consecuencia, los comerciantes ingleses perdieron cerca de un millón de libras esterlinas en esta su primera aventura en el mercado peruano independiente.[33]

Los ávidos comerciantes ingleses quedaron desalentados ante esta situación, y muchos quebraron. Solo las casas comerciales con experiencia y solidez previas, como la casa Gibbs & Sons, instalada en el Perú anteriormente a la independencia, subsistieron. En 1824 había solamente 240 ingleses residentes en la capital del país, 20 casas comerciales de esa nacionalidad en Lima y 16 en Arequipa, números que se fueron reduciendo durante los primeros años republicanos.

El comercio de textiles ingleses se realizaba por temporadas hasta la limitada recuperación de la producción argentífera y el *boom* guanero hacia 1840-1850. Según los informes consulares del periodo 1830-1835, los comerciantes ingleses preferían utilizar el soborno de autoridades peruanas ante los problemas surgidos debido a las políticas comerciales locales decididamente proteccionistas y reminiscentes de la época mercantilista colonial.[34]

El verdadero despegue del intercambio comercial externo se da a partir de la década de 1840. Según cifras de Hunt, las exportaciones peruanas aumentaron 250% entre 1831 y 1841, y un 500% entre 1831 y 1851. Asimismo, las importaciones británicas y francesas en el Perú aumentaron alrededor del 160% entre el quinquenio de 1830-1834 y el de 1840-1844, mientras que entre 1830-1834 y 1850-1854 se dio un alza del 350%.[35]

En la década de 1820 las exportaciones eran casi exclusivamente productos mineros. La lana y el salitre recién hicieron su aparición en pequeñas cantidades en la década de 1830; para entonces se calculaba

---

33. Platt 1972: 25, 29; Wu 1991: 71.
34. Wu 1991: 71-73.
35. Hunt 1973a: 97, 1973b: 64-65.

que alrededor del 79% de la exportación anual era en oro y plata.[36] Dancuart, basándose en los datos de Córdova y Urrutia, informa que en 1838 el 90% de las exportaciones lo constituía la plata, 5% el oro y el resto otros productos tales como lanas, cueros y piedras preciosas.[37]

Aunque en la década de 1840 parece haberse dado una baja en las ganancias de los comerciantes locales, entre 1825 y 1850 el sector comercial ubicado en Lima no sufrió tanto de la depresión como la minería y la agricultura.[38] Esto se debió al carácter cada vez más rentable que fueron adquiriendo las actividades de importación de mercancías, préstamos y créditos comerciales al sector privado y público. En consecuencia, el sector comercial constituirá la base sobre la cual se dará la recuperación de la época del guano, cuando la economía republicana por fin encuentra una nueva forma de reinsertarse en el comercio internacional y el Estado establece un nuevo pacto con el sector privado.

Deuda pública y capitales privados

El estrecho vínculo tejido entre una Hacienda colonial con cada vez mayores necesidades financieras y un sector de comerciantes que representaban a los acreedores privados del Estado continúa en las apremiantes circunstancias previas a la independencia del Perú. El periodo entre 1806, cuando asume el gobierno el virrey Abascal, y 1820, año en que se inicia la lucha emancipadora final con la invasión organizada desde Chile por San Martín y Cochrane, es uno de plena crisis fiscal.

En consecuencia se paralizan los intentos borbónicos por establecer una deuda pública saneada que tuviera efectos positivos sobre la modernización de las finanzas coloniales. Sin embargo, los intereses de los acreedores locales estarán comprometidos profundamente con la deuda pública colonial. El desenlace final dará un balance negativo. La reforma fiscal pausada y llena de tropiezos de finales del siglo XVIII dará como resultado postrero un descalabro financiero que afectará a largo plazo la constitución de un mercado de capitales a inicios de la república. Se

36. Macera 1977, 3: 279.

37. Dancuart 1902, II: 26.

38. Gootenberg 1981.

trata de una progresiva decadencia de un orden financiero que va a girar cada vez más en torno a la deuda pública colonial. El desconocimiento de la deuda pública colonial por parte del nuevo Estado independiente traerá como resultado grandes pérdidas a los capitalistas locales.

A partir de 1777 el sector de comerciantes vinculado al Tribunal del Consulado fue incrementando su participación en las grandes imposiciones (préstamos) garantizadas por nuevos ingresos fiscales. El Tribunal del Consulado, a su vez, administraba y llevaba las cuentas del grueso de la deuda del Estado con particulares. Como se muestra en el cuadro 1, hacia 1819 el Estado en la colonia debía cerca del 50% de sus obligaciones locales a comerciantes y hacendados. ¿Cuáles fueron las razones de fondo para que el sector de comerciantes y hacendados locales se compenetrara tanto con la suerte financiera de la administración colonial? ¿Será cierto que, como varios autores han argumentado, la posición fidelista y conservadora de la élite colonial peruana basta para explicar su vinculación con la deuda colonial?[39] Para contestar estas preguntas es necesario esgrimir argumentos de un tipo menos ideológico y más relacionados con la esfera económica.

Un ejemplo individual ilustra los vaivenes de la situación de la deuda colonial. El acaudalado comerciante Pedro Villacampa era natural de Aragón y hermano de la archicofradía de Nuestra Madre y Señora del Rosario, la cual agrupaba a lo más selecto de los peninsulares en Lima. Un instrumento notarial de 1804 demuestra que los fondos líquidos de Villacampa ascendían a 304.388 pesos, una cantidad bastante respetable para la época.[40] Además, Villacampa era acreedor del Estado por 43.500 pesos impuestos en 1812 y 1818 según el libro general contable del Consulado.[41] Hacia 1822, según su propia declaración testamentaria, el total de sus imposiciones en el Tribunal del Consulado ascendía a 121.900 pesos.[42]

---

39. Pacheco Vélez 1957, Regalado y Salinas 1973, Nieto 1960.
40. Escribano Ignacio Ayllón Salazar, Protocolos Notariales, 31 de marzo de 1804, Archivo General de la Nación, Lima (AGN).
41. Tribunal del Consulado, "Toda Imposición", año 1819, leg. 249, libro n.° 1237A, AGN.
42. Escribano Ignacio Ayllón Salazar, protocolo 38, 22 de mayo de 1822; ff. 527-531v; Protocolos Notariales, AGN.

Hasta su primer testamento, hecho en 1817, Villacampa podía contar entre sus bienes: dinero, efectos y créditos activos, "así en este reino y Real Tribunal del Consulado, como en los reinos de Europa".[43] Sin embargo, en 1822, luego de la primera fase final de la independencia peruana, declaraba lo siguiente ante el escribano:

> [...] estoy firmemente persuadido que por los altos y bajos experimentados en el comercio, y otras ocurrencias no esperadas en el día se halla mi caudal en la mayor parte destruido, que considero sino perdidos en el todo los créditos a lo menos difíciles de cobrarse.[44]

Lo interesante es que Villacampa, a pesar de reconocer la desastrosa pérdida de su capital personal, no dejaba de consignar la cantidad que reconocía a su favor el Tribunal del Consulado. Aun si sus bienes y créditos habían sido perdidos, gravaba todavía a su favor, aunque sea teóricamente, el principal y los intereses de esas imposiciones.

La inversión en imposiciones sobre la Hacienda real protegía hasta cierto punto los caudales privados. Además el Estado, sobre todo bajo Abascal, había exigido y hasta forzado tales imposiciones y demás empréstitos y donativos. Mediante esta presión, el Estado en la colonia, aparte de agenciarse los fondos que necesitaba, garantizaba además que los capitalistas locales permaneciesen fieles y apostaran por el triunfo realista. Asimismo, mientras más prestaban al Estado, mayores concesiones obtenían de él, a la vez que sus caudales permanecían como obligaciones locales sobre futuros ingresos fiscales.

La élite colonial tenía el interés de permanecer dominando el espacio comercial costeño del eje Guayaquil-Lima-Valparaíso que la independencia amenazaba desmembrar.[45] Le interesaba además tener

---

43. Escribano Ignacio Ayllón Salazar, protocolo 28, 15 de marzo de 1817; ff. 400v-405v, AGN.

44. Escribano Ignacio Ayllón Salazar, protocolo 38, 22 de mayo de 1822; ff. 527-531 v, AGN.

45. Flores-Galindo 1984: 58-59.

mayor autonomía y dominio local, sobre todo en lo financiero, y al mismo tiempo preservarse de la destrucción que acarrearía la lucha interna por la independencia. Estas fueron también razones poderosas para prestar a un Estado necesitado.

Cuadro 1

PRINCIPALES ACREEDORES DEL ESTADO SEGÚN SECTOR SOCIAL, 1819, 1850

ACREEDORES EN 1819 (MUESTRA)	CANTIDAD EN MILLONES DE PESOS	PORCENTAJE
Comerciantes	0,93	26
Hacendados	0,77	21
Clero e inst. eclesiásticas	0,62	17
Cofradías	0,25	7
Obras pías	0,15	4
Beneficencia	0,12	3
Militares	0,10	3
Prestamistas	0,08	3
Otros (burócratas, etc.)	0,16	5
Sin clasificar	0,4	11
Totales muestra	3,6	100
Deuda total	12,25	
ACREEDORES EN 1850 (MUESTRA)		
Comerciantes	4,05	38
Hacendados	2,75	17
Trabajadores estatales	2,05	13
Propietarios urbanos	1,93	12
Beneficencia	0,36	2
Inst. eclesiásticas	0,21	1
Profesionales	0,04	
Otros	1,57	10
Sin clasificar	0,97	6
Totales muestra	15,93	100
Deuda total	24,14	

Fuentes: Tribunal del Consulado, "Toda imposición, 1819, leg. 349, libro 1237[a], serie H-3, AGN, Lima; Protocolos Notariales, AGN, "Informe que presenta la comisión de la deuda española y secuestros", 20 de febrero de 1865, Manuscritos 1865/D2845, BN, Lima. Quiroz 1987b, cuadro 8.

Sin embargo, la vinculación con los préstamos al Estado tenía su aspecto negativo. Los mayores desembolsos y remisiones fiscales a la metrópoli contribuyeron a agudizar la escasez del circulante y, por lo tanto, de los capitales líquidos. El crédito privado se retrae ante estas circunstancias en que se combinan una escasez monetaria, un alto riesgo de inversión por peligros bélicos y un crédito tradicional eclesiástico muy debilitado debido a las medidas de desamortización introducidas hacia 1806-1809. Los pocos préstamos realizados se hacían a elevados intereses. El ejemplo más claro es el crédito que los habitantes acuartelados en el último reducto realista, el Callao, debieron aceptar. Cuando la mayoría de los sitiados se vieron forzados a abandonar el Perú hacia 1826, lo hacen empeñando sus últimas posesiones a altísimo interés para poder pagar su transporte en navíos ingleses.[46]

La flota mercante peruana, fundamental en el comercio del eje Guayaquil-Lima-Valparaíso, se reduce drásticamente debido a la necesidad de formar una flota de guerra en la costa del Pacífico. Además, las efectivas campañas marítimas de Cochrane impiden que los barcos utilizados para combatirlo vuelvan a desempeñarse como navíos mercantes.[47] A finales de la época colonial la otrora pujante marina mercante peruana había desaparecido. Así, los comerciantes locales contaban con muy pocos recursos para competir con las marinas mercantes extranjeras que dominaron el transporte marítimo después de la independencia.

La política de secuestros (expropiaciones) y emigración forzosa de peninsulares y sus colaboradores durante los primeros años de independencia causó graves pérdidas a los capitales locales. Bernardo Monteagudo, un argentino radical, impuso estas medidas antiespañolas que dieron como resultado la pérdida de muchas fortunas coloniales. El haberse vinculado a empréstitos y donativos al gobierno colonial significaba inmediatamente un motivo de sospecha y de posible expropiación.[48]

---

46. Rodil 1955: 13.

47. Flores-Galindo 1984: 211.

48. Comparar con la expulsión de españoles en México como consecuencia de factores de política interna analizada por Sims 1990.

Las propiedades de que se despojaba a los exagentes económicos coloniales pasaban a ser adjudicadas mayoritariamente a los jefes militares que participaron en la lucha por la independencia. Pronto sin embargo se hizo claro que estas adjudicaciones a militares impedían grandemente la vuelta a la producción de muchas propiedades, entre agrícolas y mineras, que habían sido devastadas por las luchas de la emancipación. Se necesitaba capacidad en el manejo económico y capitales para sacar a las propiedades de su depresión.[49] La emigración y secuestro de muchos de los agentes coloniales más capaces significó una dura pérdida para la economía republicana inicial. Se dieron no obstante, embargo, aunque tardíamente, algunas medidas que suspendieron y limitaron efectivamente el alcance de los secuestros. Algunas familias de origen colonial lograron recuperar ciertas propiedades y mantener la expectativa de que el Estado republicano las indemnizase por pérdidas sufridas durante la independencia. Esto se realizó efectivamente, pero en forma distorsionada y con claros indicios de una gran especulación financiera recién en 1850, con la consolidación de la deuda interna.[50]

Sin embargo, el grueso de la deuda colonial, es decir, los créditos de los prestamistas privados al Estado durante la colonia entre 1777 y 1819 (alrededor de 12 millones de pesos), nunca se canceló a pesar de las ocasionales presiones a favor de la indemnización (véase cuadro 1). Las primeras autoridades republicanas rechazaron tajantemente cualquier alusión a que el Estado republicano asumiera la deuda colonial. Por ejemplo, en la capitulación de las fuerzas españolas sitiadas en el Callao, publicada el 23 de enero de 1826, la propuesta vigésimo primera de los realistas de que "la República del Perú resumirá en sí los créditos y débitos contraídos por este gobierno desde que tomó posesión de estas fortalezas en 29 de febrero de 1824" fue uno de los pocos puntos que fue negado por los vencedores.[51]

---

49. Burga 1976, Flores-Galindo 1984, Quiroz 1987a.

50. Quiroz 1987b.

51. *Gaceta del Gobierno*, n.º 7, tomo 9, 23 de enero de 1826.

En los testamentos de la década de 1850 todavía se encuentran párrafos en los cuales se hace referencia a la deuda de origen colonial. Por ejemplo, en el testamento de Juana de Dios Avellafuerte de abril de 1854 se menciona entre los bienes de esta "una cantidad de miles de pesos que el Tribunal del Consulado" le adeudaba.[52] En 1819 Avellafuerte, propietaria de minas en Pasco, era acreedora por imposiciones de los años 1796 y 1804 en el Tribunal del Consulado por un total de 29.342 pesos.

Algunos acreedores notables, al verse frustradas sus gestiones para que el Gobierno peruano les indemnizara sus deudas, acudieron al Estado español para que este protegiera sus reclamos. Como lo describe Costeloe, el ambiente en España luego de la independencia poco contribuyó para el restablecimiento diplomático con las excolonias y el arreglo de cualquier reclamo de deuda.[53] Mendiburu, ministro de Hacienda durante el régimen de Echenique, hace un recuento crítico de los intentos por reflotar la deuda colonial hacia 1852 y los califica de negocios esencialmente especulativos.[54]

Había pues una especie de repugnancia por asumir la deuda de origen colonial. A los historiadores que han tratado el tema les parece obvio que a aquellos prestamistas que contribuyeron a la causa realista estuvo bien no reconocerles sus créditos. Por razones patrióticas o de independencia nacional hubiera resultado hasta traidor el habérseles indemnizado a aquellos prestamistas. Cabe sin embargo preguntarse si este repudio de la deuda colonial no causó daños irreparables en materia de crédito público y formación de capitales privados.

El Estado republicano recibió sus primeros préstamos externos de Inglaterra en 1822 y 1825, los cuales dejó de pagar en octubre de 1825. Asimismo, como consecuencia del estancamiento económico decae el *boom* especulativo de acciones de inversión en Londres basado en el espejismo de un esperado renacimiento minero en el Perú que no se verificó.[55] Es así como el capital comercial y financiero extranjero

---

52. Escribano Felipe Orellana, protocolo 485, 26 de enero de 1854, ff. 40-42v, AGN.
53. Costeloe 1986.
54. Mendiburu 1931, 1: 58-142.
55. Moreyra Palacios 1983, Marichal 1988, Camprubí 1960.

aprovecha las circunstancias de desolación económica y financiera local para intentar sentar su presencia en el Perú. Muchos de los iniciales negocios extranjeros fracasarán, pero aquellos que lograron sobrevivir se asentaron como los principales del país, con poderes cuasi monopólicos por la escasa competencia.

El más rentable negocio, como en la época colonial tardía, continuó siendo la importación de mercaderías europeas. Muchos de los comerciantes extranjeros que amasaron fortuna en el Perú, como lo describe el alemán Witt en sus memorias, empezaron como empleados de las grandes casas extranjeras como Gibbs, Montané y otras.[56]

No pocos de entre estos comerciantes empezaron a realizar un gran negocio adicional a través de préstamos a particulares necesitados en su consumo o producción.

Pedro Gonzales Candamo, un comerciante chileno que llegó al Perú con las fuerzas de San Martín, logró convertirse en uno de los hombres más acaudalados del Perú mediante el comercio, la pignoración, el préstamo a hacendados y luego la especulación de los valores de deuda pública interna y externa. En el sitio del Callao realizó préstamos a altísimo interés. Luego continuó prestando a los clientes de su tienda de mercaderías y a otros particulares a tasas de interés que llegaron a oscilar entre el 18%, el 24% y hasta 36% anual entre 1826 y 1845. Esto demuestra la aguda escasez de capitales y el gran precio que alcanzó el dinero a escala local. Recordemos que los préstamos de riesgo de tierra de finales del siglo XVIII, lo análogo a los préstamos comerciales locales a partir de 1826, llegaban a convenirse a un máximo del 16%.

Obviamente muy pocos propietarios de haciendas y minas podían cumplir con los altísimos intereses a que se otorgaban los préstamos. En materia de crédito el inicio de la República experimentó una amplia libertad del interés sin el control que antes ejercía la Iglesia y su lucha contra la usura. A los propietarios deudores que todavía conservaron sus tierras y minas luego de la independencia se les abrían dos posibilidades: o las hipotecaban y las perdían irremediablemente

---

56. Witt 1987.

en manos de los acreedores comerciales o se dedicaban a explotar sus propiedades en forma comercial y lucrativa para poder pagar a sus acreedores. La destrucción de las guerras de la independencia había pues abierto una amplia brecha para el avance del crédito comercial local y extranjero.

Así, muchos hacendados y mineros se subordinan al comerciante. Estos hacendados y mineros habían sufrido cuantiosas pérdidas con la independencia, y los sucesivos gobiernos habían extendido cédulas de reconocimiento con la promesa de indemnizarlos por los daños sufridos por conceptos tan variados como suministro de tropas o simples saqueos. Sin embargo, el Estado demoró demasiado en cumplir sus obligaciones con respecto a la deuda interna. Cuando el Estado tuvo la capacidad financiera para reembolsar a sus antiguos acreedores las cédulas, reconocimientos y valores de la deuda interna, ya habían cambiado de mano, y se concentraron principalmente entre los comerciantes y especuladores. Como se ve en el cuadro 1, alrededor del 40% de los acreedores del Estado en 1850 eran comerciantes. Por ello, el proceso de consolidación y amortización de la deuda interna debe concebirse como uno que estableció una tajante diferencia entre los acreedores marginados (hacendados, mineros, pequeños propietarios) y los acreedores privilegiados (comerciantes influyentes y burócratas corruptos). El poder que fue adquiriendo el sector comercial explica en parte por qué el Tribunal del Consulado, un gremio de origen colonial, continuó existiendo a pesar de los profundos cambios en los ámbitos financiero e institucional introducidos con la independencia.

Hasta que no se fundaron nuevas instituciones para la administración de la deuda colonial republicana hacia 1855, el Tribunal del Consulado continuó, con algunas interrupciones, con el control contable de la deuda interna luego de 1826. Los pocos fondos y recursos financieros del Estado de la colonia fueron asumidos por el Estado republicano. Se había barrido con los prestamistas locales al Estado, pero se contaba con algunos reducidos recursos para empeñarlos a los prestamistas extranjeros o a los nuevos locales que surgían a partir de la independencia.

No obstante, pronto los recursos tradicionales del Estado colonial heredados por el republicano (temporalidades, censos y capellanías, etc.) se agotaron. Los ingresos de los arbitrios, aquellos impuestos sobre el comercio interno y los adelantos sobre derechos de aduana sirvieron entonces como sostenes principales para continuar garantizando el crédito público. Los intereses de los nuevos prestamistas sobre el ramo de arbitrios eran primordialmente locales, mientras que los extranjeros preferían evadir riesgos y prestar cautelosamente al Estado a través de los mecanismos de adelantos de derechos de aduanas. Gootenberg ha demostrado que esta pugna entre intereses comerciales locales y extranjeros es parte de los conflictos de la transición de una política económica proteccionista a una de corte liberal.[57]

No existe pues evidencia, si consideramos a los principales acreedores del Estado colonial y tratamos de compararlos con los del Estado republicano inicial, de que hubiese una continuidad entre unos y otros. En materia de deuda pública se respetaron poco los orígenes coloniales.

Ello sentó los precedentes en la actuación del Estado republicano del siglo XIX con respecto a la deuda interna. Al barrer con los acreedores coloniales locales se daban las bases para defraudar en lo sucesivo a los prestamistas locales por una u otra razón. Al no conservarse algún tipo de buena costumbre en honrar a acreedores se abrió las puertas a las sucesivas razias de capitalistas no vinculados a las esferas políticas. Es más, porque los acreedores externos siempre tuvieron más poder de presión que los acreedores internos, muchos de estos últimos convirtieron sus deudas locales a externas cuando el Estado lo permitió a través de varias medidas. Se empieza pues a privilegiar desde entonces a la deuda externa y a socavar los débiles cimientos de un crédito público autónomo basado en un mercado de capitales nacionales.

No resulta del todo convincente el achacar la debilidad crediticia y financiera peruana a inicios del siglo XIX a una "profunda e irreversible" crisis colonial. Al desgarrarse la economía, mercados y capitales con la independencia, se dieron las condiciones para un dominio

57. Gootenberg 1989.

del crédito comercial con fuerte influencia extranjera, debilitándose así la necesaria colaboración entre la élite local y el Estado. La eventual recuperación que se da en la época del guano es acompañada por una política con respecto al crédito interno que minó las posibilidades del surgimiento de una más equitativa distribución de la riqueza. Al no garantizarse adecuadamente a los acreedores locales se abrió amplio margen para la especulación, presión externa y un restringido mercado de capitales. No se dieron así tempranamente las bases institucionales y crediticias para arrancar la riqueza del guano de las fauces de una élite burocrática y distribuirla entre mayor cantidad de agentes económicos. Se forjaron así los inicios de una trayectoria de endeudamiento y carencia de capitales locales crónica.

Conclusión

Dos cambios fundamentales caracterizaron el tránsito de la producción colonial después de la independencia: un agudo decaimiento inicial de la producción minera total que tarda en recuperarse hasta 1840, para decaer nuevamente a partir de 1845, y una crisis agraria prolongada.

La guerra de la independencia misma entre 1821 y 1824 fue un periodo de destrucción e inestabilidad para las unidades de producción. Se pierden, sin que se encuentren alternativas, los mercados tradicionales para los productos agrícolas y mineros, y el capital para financiar la producción se torna escaso y costoso. Por tanto, la independencia en el Perú no trajo las bases necesarias para el crecimiento económico. Estas condiciones tardarán casi tres décadas en consolidarse finalmente bajo el estímulo del mercado internacional. Con la independencia, las bases económicas de la colonia no se modernizaron como era de esperar. Las actividades internas continuaron dependiendo de la producción y exportación de la plata, pero en una situación inclusive más penosa que a finales de la colonia. Las políticas oficiales de impuestos y precios mineros, así como la política comercial proteccionista (mercantilista), tardaron en desaparecer y continuaron obstaculizando los negocios. No hubo mayor cambio técnico en la producción minera y la agrícola.

Aparte de los cambios radicales que trajo la independencia en lo político, que dieron como resultado una inestabilidad institucional prolongada, se pueden listar cambios negativos o involuciones en los siguientes aspectos: (1) destrucción y deterioro del capital fijo y la infraestructura sin que el Estado contribuyera a darles remedio; (2) el manejo fiscal, el gasto público y la deuda interna se desorganizaron extremadamente y adquirieron el carácter crónico de emergencia; (3) el régimen de propiedad varió considerablemente con la expulsión y secuestro de españoles y el repudio de la deuda pública colonial, lo cual dejó hondas huellas para el restablecimiento del mercado de capitales embrionario; y (4) se debilitó la clase económica dominante, que tuvo que enfrentarse en lo económico a un Estado republicano intervencionista y a los intereses comerciales extranjeros.

El argumento contrafactual para el caso peruano parece indicar que, si no se hubiera dado la independencia, es decir, si el Perú hubiera continuado su vínculo económico colonial con España hasta por lo menos 1850, el tránsito a una economía de exportación más moderna (que se perfiló con el *boom* guanero) se hubiera dado sin las agudas oscilaciones e inestabilidad producidas por la independencia. En espera de nuevas investigaciones cuantitativas, parece oportuno concluir por el momento que el modelo económico colonial, comparado con la caótica economía republicana inicial, era todavía viable para el caso peruano.

Desarrollo de la banca central en el Perú, 1875-1935[1]

En recientes debates sobre la razón de ser de los bancos centrales, se distinguen dos funciones interrelacionadas que les cabe cumplir en economías modernas. En primer lugar, la banca central debe establecer políticas monetarias y crediticias que garanticen un medio circulante adecuado (el rol de regulador monetario), y, en segundo lugar, le toca supervisar el sistema financiero, con el fin de resguardarlo en momentos de emergencia y crisis (el rol de banco de bancos).[2] En América Latina, la banca central tiene que añadir a estas funciones generales la particular tarea de combinar objetivos de estabilidad monetaria y financiera con las necesidades derivadas del desarrollo desigual de sus mercados.[3]

---

1. Publicado originalmente en: Pedro Tedde y Carlos Marichal (coords.). *La formación de los bancos centrales en España y América Latina. Siglos XIX y XX*, vol. II. Madrid: Banco de España, 1995, pp. 103-117.

2. Sobre la polémica establecida a raíz de la reconsideración de la banca libre (*free banking*), una nueva versión del debate entre las escuelas Banking y Currency del siglo XIX, y la atención al rol moderno de la banca central como regulador y prestamista de última instancia, véase Goodhart 1988: 4-5.

3. Tamagna 1965: 34.

Se asume que la banca central debe mantener un grado de autonomía en sus decisiones normativas y reguladoras con el fin de maximizar la eficiencia de sus medidas. Sin embargo, vista desde el ángulo de la experiencia histórica, la banca central evoluciona, por lo general, en un marco de influyentes intereses privados, públicos y foráneos, en tensión por determinar las políticas monetarias y financieras que han de seguirse. En la historia financiera latinoamericana, se pueden documentar casos de influencias desmedidas de intereses que amenazaron la autonomía de la banca central y desviaron sus funciones y objetivos.

Las manipulaciones monetarias y cambiarias por parte de distintos gobiernos y bancos centrales en países subdesarrollados han sido estudiadas últimamente como claves en su potencial para promover u obstaculizar el crecimiento económico. Una política monetaria independiente que responda a favorables condiciones internacionales de exportación puede ser utilizada para expandir la acumulación interna, incrementar importaciones necesarias o aligerar la deuda externa. Recíprocamente, durante una situación de declive del comercio exterior, la flexibilidad en la tasa de cambio puede ser usada para estimular la diversificación interna mediante la sustitución de importaciones, alentar una inflación interna que beneficie a productores nativos o retrasar el pago de la deuda externa.[4]

Obviamente, una variedad de condicionamientos limita la aplicación efectiva de estas reglas simplificadas. Presiones de los países acreedores, estructura institucional inmadura, expectativas de consumo y ahorro domésticos, y otras cuestiones políticas y sociales actúan contra una fácil adopción de políticas estabilizadoras o inflacionarias. Estudios específicos sobre el manejo monetario durante el periodo aquí estudiado demuestran que en Brasil se lograron resultados relativamente exitosos para el amparo de los ingresos de exportación del café, y logros menos favorables en México, debido a los intentos

4. Diaz Alejandro 1982, Nsouli 1977: 125-143.

del porfiriato de mantener la moneda de plata, a pesar de la caída del precio internacional de ese metal.[5]

En el caso peruano, la intervención gubernamental, la presión de grupos privados y la penetración del capital extranjero ejercieron fuertes presiones sobre el desarrollo de la banca central. En consecuencia, las políticas monetarias, cambiarias y crediticias aplicadas en el Perú pueden explicarse, en parte, por los intereses subyacentes tras su adopción. Es la intención del presente trabajo evaluar algunas de las causas y consecuencias de las más importantes innovaciones relacionadas con las funciones de banca central durante dos periodos de la economía de exportación en Perú: las postrimerías de la época del guano (1875-1879) y el ciclo agroexportador (1884-1935). En aquellos años, se da una evolución particular de las funciones de banca central, de simples accesorias de políticas gubernamentales, pasando por coyunturas de extrema libertad bancaria, hacia la formación de una institución teóricamente reguladora y supervisora, a partir de 1921.

Los orígenes remotos de las políticas de banca central en Perú se remontan a los esfuerzos por financiar déficits fiscales, hacia finales de la época colonial. Las provisiones reales para establecer una oficina del Banco Nacional de San Carlos, en 1783, así como la consolidación de vales reales (1806-1809), especialmente esta última, tuvieron impacto negativo sobre las condiciones financieras privadas, sobre todo en lo que respecta al aumento de los réditos censales.[6] Igualmente, los intentos del virrey Abascal de emitir "libramientos" sobre las cajas fiscales hacia 1814-1815, con el objeto de reforzar financieramente la defensa militar de la colonia, pueden calificarse como recursos inflacionarios que socavaron tempranamente la confianza local en instrumentos circulantes de crédito público.[7]

---

5. Fritsch 1988, Zabludowski 1984.

6. Amortización y consolidación 1780-1330, Indiferente, leg. 1702, Archivo General de Indias, Sevilla (AGI); Abascal al Presidente de Castilla, 8 de abril de 1804. Gobierno. Lima, leg. 738, AGI.

7. Rodríguez Casado1944, Anna 1979: 114-119.

Durante la lucha por la independencia, el general José de San Martín, a la sazón Protector del Perú, entrevió la posibilidad de financiar la campaña militar y suplir la escasez monetaria de plata mediante la formación de un banco emisor de papel moneda. Esta institución fue fundada en 1822 con las garantías de un crédito público sumamente deteriorado, heredado del gobierno colonial, con la esperanza de una pronta ocupación militar de los centros mineros, todavía en manos del ejército realista español. Sin embargo, el experimento fracasó debido a las adversas condiciones bélicas y al abuso de la emisión sin adecuada garantía metálica.[8]

Es más, la deuda pública colonial nunca se canceló, con lo cual el crédito público interno republicano adoleció de unas bases mínimas de confianza entre el público.[9] Después de múltiples especulaciones y profundo deterioro del valor de los instrumentos de la deuda pública, la consolidación de la deuda interna de 1850 benefició mayormente a un grupo reducido de individuos compuesto por funcionarios corruptos y especuladores. Se dejó de fundar, de esta manera, una sólida tradición de crédito interno.[10]

Así, antes de la época del guano, se distinguen dos elementos que pesaron sobre la ulterior evolución financiera en Perú. En primer lugar, la estrecha relación entre la política monetaria-financiera y el crédito público deficitario, y, en segundo lugar, los efectos negativos de métodos inflacionarios sobre el sector privado y la consecuente profunda desconfianza hacia el papel moneda, con signo fiscal.

La polémica sobre el Banco Central, 1875-1879

Hacia 1875, una crisis financiera amenazaba la economía peruana, basada en la exportación del guano. Los bancos privados emisores de billetes bancarios habían proliferado desde 1860, bajo un régimen liberal en materia de regulación bancaria. Al principio, estos bancos

---

8. Camprubí 1960: 22, 27, 41.
9. La deuda española. 1865-D2845, Manuscritos, Biblioteca Nacional, Lima.
10. Quiroz 1987b.

prestaron importantes servicios al sector comercial y constituyeron parte de los intereses de grupos capitalistas locales beneficiados con el negocio guanero. Sin embargo, el Estado incrementó su deuda externa a partir de 1869, hipotecando excesivamente sus derechos sobre el guano exportado a Europa y otras partes del mundo. Coincidiendo con la depresión de 1873, tanto el Estado como algunos bancos privados se enfrentaron a una profunda contracción financiera.[11]

Lamentablemente, los bancos emisores más importantes optaron por suscribirse a una asociación financiera con el Tesoro Público. De ahí en adelante, las tradiciones intervencionistas patrimoniales del Estado ahondaron la crisis financiera. En 1875, un proyecto del ministro de Hacienda, Elguera, proponía la formación de un banco central que consolidara los depósitos de los bancos emisores asociados, con el fin de regular la emisión de billetes bancarios. Este plan financiero no llegó a realizarse debido a cambios políticos. El nuevo ministro de Hacienda, Araníbar, propuso un nuevo plan para un banco central con mayor vinculación a las necesidades fiscales, que, según un especialista en el tema, "acercándolo más al Gobierno y a su influencia alejábanlo de la economía nacional".[12]

Este banco central no se llegó a fundar, pero el Estado centralizó la emisión de billetes. Los billetes emitidos por los bancos asociados se convirtieron, en 1877, en los llamados "billetes fiscales". Con el crédito público externo descalabrado, debido a la paralización de pagos de la deuda externa a partir de 1873, se echó mano de la manipulación monetaria de los billetes para suplir las deficitarias necesidades del presupuesto público. La depreciación del billete fiscal continuó ahondándose y destruyendo las bases financieras internas.[13] La Guerra del Pacífico (1879-1883) empeoró las circunstancias monetarias internas. La escasez monetaria metálica, sin embargo, permitió la supervivencia del billete fiscal hasta las primeras señales de recuperación económica, hacia 1889-1890.

---

11. Mathew 1981: 58-60, Hunt 1985: 255-319, Cisneros 1939: 227-228.
12. Camprubí 1957: 273.
13. Blume 1876: 12; Palacios Moreyra 1983: 29-31; Cisneros 1939, III: 361-378.

La debacle financiera de la Guerra del Pacífico erosionó durante casi 25 años la confianza en el medio circulante de papel y en la intervención estatal. A pesar de nuevos intentos por introducir monopolios estatales en materia de emisión en 1889, el régimen bancario que predominó entre 1884 y 1914 fue el de libertad bancaria, primero bajo el bimetalismo y luego, a partir de 1900-1901, bajo el patrón oro. Intereses bancarios y comerciales oligopólicos dictaban las principales medidas financieras. El Estado se limitaba a conceder a grupos privados la recolección de los impuestos indirectos y a dictar leves regulaciones.

En 1887, el abandono del aciago billete fiscal contribuyó al periodo de recuperación económica. Hacia diciembre de 1879, los billetes se cotizaban a un 170 por 100 por debajo de la escasa unidad monetaria de plata, y, hacia 1883, durante la ocupación chilena de parte del territorio peruano, se depreciaron hasta llegar a su peor nivel, 2500 por 100 por debajo de la moneda de plata. Como medio de pago, el billete fiscal fue totalmente insatisfactorio durante su periodo de agonía, y, en consecuencia, era utilizado muy raramente en transacciones comerciales de cuantía. Sin embargo, la circulación de plata era muy escasa, debido a los cupos de guerra chilenos y a la abrumadora fuga de capital ocurrida en la época. Así, el billete aparecía inevitablemente en pequeñas y cotidianas transacciones, debido a la escasez de moneda circulante. Adicionalmente, el billete recibió un débil respaldo por parte del Estado, que lo aceptó hasta por el 10 por 100 del pago de derechos de aduana.[14]

Los abogados que representaban los intereses de agricultores fuertemente endeudados alegaron en favor de la necesidad de sostener el valor legal del depreciado papel moneda para permitir así que sus clientes pagaran sus deudas en billetes en vez de en plata.[15] Años después, representantes influyentes entre los agroexportadores, quienes en 1901 se enfrentaban a un nuevo periodo de dificultades, derivadas del cambio sobrevaluado, reconocieron los efectos oportunos de la

14. Rodríguez 1887: 7-8, Ugarte 1926: 92-93.

15. Ureta 1884.

depreciación del billete entre 1879 y 1887. Esta devaluación disminuyó la presión de la deuda sobre los deudores propietarios de predios rurales.[16]

La sorprendente persistencia del billete fiscal se explica por la necesidad del Estado y de los terratenientes políticamente influyentes de financiar déficits públicos y privados con circulante depreciado. Solamente fue posible erradicar el billete de la circulación cuando acreedores nativos y extranjeros, comerciantes e instituciones de crédito reorganizadas articularon sus intereses comunes, con el objeto de reconstruir su crédito externo y de atraer capital del exterior.

Después de la abolición de los billetes fiscales, los comerciantes y financieros se convirtieron en los líderes indiscutibles del diseño de la política monetaria. Mientras la estabilidad monetaria se mantuvo, estos representantes de la élite consolidaron su posición frente al resto de los actores económicos. El capital extranjero vino tímidamente, al principio, para respaldar a las grandes firmas comerciales, predominantemente extranjeras, y a los tres bancos existentes en 1890. Los comerciantes llegaron a establecer una sólida unión con los bancos, que les permitió diversificar sus actividades en Lima y en provincias. En consecuencia, la gradual expansión del circulante de plata, a través de la participación activa del Banco del Callao como contratista en la acuñación de moneda, tuvo un efecto rehabilitador en los mecanismos de comercio interno y externo.

El precio internacional de la plata declinó entre 1890 y 1902, debido, en parte, a la preferencia de un creciente número de países por la adopción del patrón oro.[17] Las esperanzas de los comerciantes con respecto a la estabilidad del cambio se vieron momentáneamente frustradas a causa de la depreciación paulatina de la plata circulante. La importación —una actividad central de los comerciantes de la época— quedó afectada considerablemente debido a que las importaciones financiadas en el exterior en oro eran vendidas en plata devaluada en el mercado local. Los bancos que tomaron la precaución

16. Ministerio de Fomento 1902.

17. Meller 1931: 25.

de mantener su capital y reservas en oro se vieron forzados a pagar dividendos e intereses en oro, mientras que sus ingresos se basaban en préstamos otorgados en plata, la moneda oficial peruana de la época. Esto repercutió en la contracción de la ganancia de esos bancos, a pesar de las crecientes tasas de interés cobradas. Asimismo, las ganancias obtenidas por los bancos en la rama del descuento de letras de cambio sobre Londres decayeron notablemente.[18]

Los exportadores agrícolas, por el contrario, se beneficiaron en algo debido a la depreciación de la moneda de plata, siempre y cuando no estuvieran excesivamente endeudados en oro. Sus ganancias se incrementaron al pagárseles sus productos en oro en el exterior, mientras que la fuerza de trabajo y otros costos de producción locales se cancelaban en plata.[19] En consecuencia, entre 1892 y 1897, los agroexportadores, junto con los comerciantes activos en el crédito y comercio de exportación, así como los mineros de plata preocupados por los efectos negativos de la disminución en la acuñación del circulante de plata, se opusieron consistentemente a los pedidos de comerciantes importadores y banqueros partidarios de la adopción de medidas en favor del patrón oro. En vista de la falta de éxito momentáneo de los esfuerzos del grupo pro patrón oro, y en respuesta a las oportunidades de ganancia abiertas por la depreciación del cambio para el establecimiento de fábricas locales, comerciantes y bancos favorecieron la transferencia de fondos del sector comercial al sector industrial.[20]

La adopción oficial del patrón oro fue una medida que consolidó el régimen bancario liberal. Las medidas dictadas por el presidente Nicolás de Piérola para restringir el circulante de plata y estimular la importación de oro, en 1897, alcanzaron sorprendente éxito, complaciendo a la mayoría de grupos interesados. Al capital extranjero se le otorgó privilegios monetarios, y, en consecuencia, el oro llegó al Perú,

---

18. Payán 1892: 7-8. Faure au Ministre des Affaires Étrangères, 10 de febrero de 1892, Lima 20, Archives du Ministère des Affaires Étrangères, París (MAED).

19. Romero 1939: 348-428.

20. Thorp y Bertram 1978: 29.

del exterior, sin demora.[21] La tasa de cambio se estabilizó, las importaciones mejoraron y los agroexportadores e industriales obtuvieron fácilmente crédito del extranjero para implementar la modernización y mecanización de su producción. El alza de precios que se evidenció, y que benefició a los productores y proveedores del mercado interno, estuvo directamente ligada a las medidas en favor del patrón oro y al consecuente ajuste de precios internos con el nivel de precios internacional. Sin embargo, los consumidores populares y provincianos quedaron afectados negativamente por los incrementos en los precios y por la escasez del circulante de plata y oro para las transacciones diarias de pequeña cuantía.

El consenso en el interior de la élite, en lo referente al uso del circulante de oro, se amplió entre 1897 y 1901. Esto explica el hecho de que individuos con interés prioritario en el sector de agroexportación respaldaran las medidas pro patrón oro, o que banqueros ultraliberales concedieran créditos hipotecarios a agricultores y defendieran tarifas proteccionistas para resguardar sus préstamos del sector industrial.

Durante los años de aguda contracción de las exportaciones (1902, 1907 y 1912), los efectos de una fija e inflexible política de paridad monetaria con la libra esterlina de oro probaron ser negativos para los objetivos de diversificación. Hasta los importadores sufrieron las consecuencias cuando el mercado interno se contrajo. Muchos comerciantes terminaron en la bancarrota. Mientras tanto, las instituciones financieras se beneficiaban de esta situación, pues, a la vez que poseían abundante oro en forma de capital y reservas, controlaban la estabilidad de la tasa de cambio para respaldar el valor local de sus inversiones en oro. Los capitales nativos buscaron ubicación fuera del sector productivo debido a las acciones de los bancos. Según A. G. Ford, la política del patrón oro pudo haber tenido efectos negativos entre los productores a causa de las súbitas restricciones crediticias y de los drásticos reajustes en el ingreso.[22] Sin embargo, el efecto del patrón oro sobre la estabilidad monetaria interna fue positivo.

---

21. Meller 1931: 44.

22. Ford 1983: 16-17.

La Junta de Vigilancia, 1914-1921

La Primera Guerra Mundial trajo importantes consecuencias en lo referente a la política monetaria y reguladora. El primer impacto de la guerra sobre el comercio, la banca y el fisco en Perú fue negativo. El comercio internacional casi se paralizó, los bancos se enfrentaron a súbitas retiradas de los depósitos en oro y el Gobierno experimentó una bajada alarmante de sus ingresos.

Los bancos privados presionaron para lograr una moratoria bancaria que impidiera la quiebra debido al pánico que suscitaba la retirada de fondos. En agosto de 1914, se autorizó a los bancos a emitir "cheques circulares" y se creó, además, la Junta de Vigilancia, que se encargó de controlar dicha emisión. Era la primera vez que, desde 1887, signos monetarios de papel circulaban en Perú. En esta ocasión, sin embargo, los bancos garantizaron más que suficientemente la emisión de cheques circulares. Los cuatro bancos privados pusieron a disposición de la Junta de Vigilancia sus fondos metálicos y sus recursos de cartera internos y externos, a modo de garantía. A cada banco se le asignó una cantidad de cheques circulares, de acuerdo con su participación de fondos controlados por la Junta de Vigilancia.

Los bancos privados mantuvieron, asimismo, el control directivo de la Junta de Vigilancia hasta 1919. A partir de 1916, el tipo de cambio de los cheques circulares se fortaleció, alcanzando a obtener un premio del 15 por 100 sobre el dólar norteamericano, en 1918, y del 20 por 100 sobre la libra inglesa, en 1920. A los bancos les convenía mantener un alto tipo de cambio, pues sus abatidos fondos se revalorizaban. Sin embargo, la subida exagerada del cambio perjudicaba a los exportadores, porque ellos recibían en circulante local el valor de sus exportaciones, que vendían en el exterior en moneda extranjera. Por lo tanto, algunos agroexportadores preferían mantener sus fondos en oro en el exterior o importar productos extranjeros a traer sus fondos a Perú. Además, debido a la prohibición de exportar oro en Europa y en Estados Unidos, los bancos y los exportadores se vieron obligados a mantener considerables fondos en Nueva York. La Junta de Vigilancia fue así aumentando su control sobre los fondos de los bancos en el exterior.

La obstinada determinación de los bancos de mantener su control sobre la esfera monetaria y una tasa de cambio estable y sobrevaluada, con el fin de defender sus inversiones de cartera conjuntas con el capital financiero extranjero, continuó durante los años de la Primera Guerra Mundial. Esta vez, sus medidas de emergencia para adoptar una emisión limitada de circulante bancario provisional (cheques circulares) dañaron los intereses expansivos de los agroexportadores, los cuales empezaron a gozar de ventajosas ganancias como consecuencia del *boom* de exportación entre 1916 y 1920. La insuficiencia de la oferta monetaria, debida a la política de los bancos de restringir las emisiones de cheques circulares, creó dificultades a la economía interna. Los agroexportadores perdieron parte de sus ganancias a causa del extremadamente alto valor internacional de la unidad monetaria peruana entre 1917 y 1919, y de la aguda subida de los costos internos de producción derivada de la inflación internacional y de la escasez de circulante. Una severa crítica a los bancos que controlaron la emisión de cheques circulares y a la aparición de especulaciones financieras escandalosas (Empresas Eléctricas Asociadas, Recaudadora de Impuestos, Ferrocarril Nor-Oeste, Corporación Peruana de Valores, entre otras) es la siguiente, de Benjamín Roca: "Los financistas peruanos se han convertido en avaros de ese metal [oro]".[23]

Con el final de la guerra y el ascenso al poder del presidente Augusto Leguía, en 1919, las funciones de la Junta de Vigilancia cambiaron. Leguía pugnó con los intereses bancarios particulares por controlar efectivamente los destinos de los fondos metálicos que la Junta tenía a su nombre en Nueva York. En 1921, Leguía realizó un exitoso traslado de fondos de Nueva York a Londres, obteniendo en el proceso un beneficio en el cambio cuya suma destinó a gastos públicos.[24] Igualmente, ante presiones financieras como consecuencia de la contracción de 1921, Leguía dictaminó un límite del 10 por 100 al interés bancario, para atenuar presiones inflacionistas. Estos fueron algunos

23. Roca 1918.

24. U. S. Department of the Treasury, Box 162, file 91, U. S. National Archives (USNA).

importantes precedentes de la creciente intervención financiera estatal en los años veinte.

Aunque nominalmente conservó el patrón oro hasta 1931, en la práctica difería del que reinaba antes de 1914. El nuevo patrón oro contaba con una tasa flotante de cambio, sensible al producto de las exportaciones y de la balanza de pagos, que llegó a ser la principal medida de regulación monetaria.[25]

Las tendencias a la baja de la tasa de cambio peruana, en 1921, obligaron al Gobierno a asumir una intervención reguladora sin precedentes que afectó a las operaciones bancarias y a las políticas crediticias junto con las tasas de interés. En mayo de 1921, se creó la Inspección Fiscal de Bancos, para hacer cumplir las normas de reserva legal y para estandarizar los métodos contables de los bancos privados. Con el fin de evitar la contracción del crédito, el Gobierno decretó una tasa legal máxima de interés del 10 por 100 y tomó medidas contra la fuga de capitales.

Sin embargo, la contracción de 1921 siguió su curso. Los bancos privados, encabezados por el Banco del Perú y Londres, se opusieron tenazmente a la regulación estatal y a los proyectos para un Banco Nacional, pero Leguía logró imponer con recursos políticos su autoridad sobre dichos bancos. Entonces el Gobierno se vio desprovisto de fondos. Intentó obtener préstamos extranjeros con el objeto de lograr estabilidad política y financiera. Contrató consejeros financieros norteamericanos en 1921-1922 con la esperanza de facilitar el otorgamiento de créditos por parte de bancos norteamericanos. Las negociaciones de préstamos con las firmas financieras Guaranty Trust y Foundation Company (financiada por Morgan & Co., Chase Manhattan Bank y Third National Bank), contratista de los trabajos de sanidad urbana desde 1919, desembocaron en la llegada a Perú de William W. Cumberland, quien ocupaba el puesto de supervisor de aduanas. Una comisión financiera norteamericana de ejecutivos del Guaranty Trust llegó a Perú en 1921 y exigió el establecimiento de un Banco de Reserva

25. Bertram 1974: 35. Stinson a Munro (1929), Brief History of Peruvian Currency and Banking; 24 de octubre, p. 16, Departamento de Estado, 823.515/123, microcopia 746, rollo 22, USNA.

como condición para el otorgamiento de préstamos. En consecuencia, en abril de 1922, se estableció el Banco de Reserva.

El Banco de Reserva del Perú, 1922-1930

Inicialmente, los ministros reformistas de Leguía —entre otros, Fernando Fuchs y Rodríguez Dulanto— idearon un banco nacional con funciones de control.[26] Sin embargo, Leguía negoció con los intereses bancarios particulares un tipo de banco central donde los bancos particulares y el Estado participarían conjuntamente en el capital y en el directorio de la institución.

La idea de Leguía de formar un banco central provenía de su interés de adquirir préstamos de banqueros norteamericanos. Estos banqueros habían puesto como condición para sus préstamos la adopción de un sistema bancario similar al federal norteamericano para administrar las aduanas y el recién formado Banco de Reserva del Perú.

El primer gerente del banco fue el ya mencionado estadounidense William Cumberland. Este funcionario, que había servido al Departamento de Estado norteamericano justo antes de su contrato en Perú, se vio imposibilitado de cumplir con su labor, debido a lo que él consideraba obstáculos de intereses locales presentes en la administración del banco.[27]

La nueva regulación bancaria de Leguía contribuyó decisivamente a cambiar el carácter de la estructura financiera peruana. El establecimiento del Banco de Reserva sobre la base del Federal Reserve Bank de los Estados Unidos, aunque con pocos de sus poderes autónomos, permitió una relativa actividad centralizadora en las finanzas peruanas por parte del Estado. A través de la nueva institución se logró la estabilización de la tasa de cambio y el control inflacionario, a fin de cumplir con los prerrequisitos de préstamos extranjeros. El Gobierno y los bancos privados llegaron a una fórmula conciliatoria para el establecimiento del Banco.

---

26. Fuchs 1920.

27. Cumberland a secretario de Estado. 30 de octubre de 1923, Departamento de Estado, 823.516/41, Microcopy 746, rollo n.º 22, USNA.

Los bancos nacionales, no el Estado, proveerían el capital para el Banco. De este modo, tendrían el poder de influir significativamente sobre las políticas oficiales. Los agroexportadores y los mineros mantuvieron una estratégica presencia en el Banco de Reserva. Por esta razón, en 1931, E. W. Kemmerer lo criticó y recomendó su reorganización. El banco estuvo —escribió— "dominado en exceso por un solo grupo de intereses económicos" y "sus préstamos y transacciones de descuentos eran demasiado rígidos".[28] El Estado, sin embargo, obtuvo el derecho de nombrar a tres de los directores del banco y empleó la presión política para forzar la aprobación de sus medidas en aquellos momentos en que los acreedores externos presionaban por su lado.

En 1922, Leguía nombró presidente del Banco a su pariente, Eulogio Romero. Este fue sustituido en 1925 por un agricultor azucarero acreedor del Estado, Augusto Gildemeister, antiguo vicepresidente del Banco. Eulogio Fernandini, minero importante, fue también uno de los directores del Banco nombrados por el Estado.[29] En 1923, Cumberland expresó la situación interna de los bancos en una carta, explicando las razones de su renuncia de la siguiente manera: "Como gerente del Banco, estoy completamente sujeto a las órdenes del directorio, que carece de conocimiento y experiencia bancaria, no estando su integridad totalmente fuera de cuestión, y viéndose continuamente amenazado por presiones gubernamentales".[30]

Las actividades del Banco de Reserva permitieron la expansión del crédito y mejoraron la flexibilidad monetaria, beneficiando, gracias a ello, a los bancos locales durante periodos de auge exportador. Su exclusivo poder de emisión, su autoridad sobre la tasa de interés y sus funciones de descuento, redescuento y cámara de compensación pronto fueron elogiadas por los bancos privados. Entre 1922 y 1923, debido a los efectos positivos de las políticas del Banco de Reserva, las

---

28. Banco Central de Reserva del Perú 1944: 7.

29. Batie a Ministre des Affaires Étrangères, 6 de abril de 1922, B32.896, Archives du Ministère de l' Économie et des Finances, París (AMEF). Poindexter a Secretario de Estado, 29 de junio de 1925, 823.516/46, microcopia 746, rollo n2 22, USNA.

30. Cumberland a secretario de Estado, 30 de octubre de 1923, 823.516, microcopia 746, rollo nJ 22, USNA.

reservas de los bancos privados pudieron reducirse en 32 por 100.[31] Sin embargo, para 1927, el Gobierno tenía una inmensa deuda externa. Leguía sufría la presión de sus acreedores y agentes fiscales —Seligman & Co. y el National City Bank de Nueva York— para adoptar severas medidas estabilizadoras que detuvieran la caída de la tasa de cambio peruana debida a la disminución de las exportaciones agrícolas. Estas medidas afectaron los intereses financieros de los agroexportadores, mientras que la abrupta suspensión del programa de obras públicas tuvo graves consecuencias para la estabilidad política.

El origen agroexportador de Leguía lo colocaba en una situación crítica, dados los intereses de los dueños de grandes plantaciones azucareras y algodoneras, quienes estaban bien representados en los directorios de bancos locales y en el mismo Banco de Reserva. Utilizando el mecanismo de redescuentos bancarios, algunos bancos privados se extendieron demasiado en proporcionar crédito a los agroexportadores. Esta tendencia resultó muy peligrosa hacia 1930, cuando un banco local —el Banco de Perú y Londres— tuvo que cerrar, al no serle posible responder adecuadamente al pánico del público, que reclamaba sus fondos, inmovilizados en fuertes préstamos a empresas agroexportadoras.[32]

Por otro lado, los acreedores extranjeros presionaban a Leguía y al Banco de Reserva para mantener el tipo de cambio de la moneda local e impedir su devaluación. Esta contradicción entre los deudores nacionales y los acreedores extranjeros socavó las bases financieras del régimen de Leguía, depuesto por un golpe militar en 1930.[33]

El Banco Central de Reserva del Perú, 1931-1935

La depresión de 1929-1932 en Perú produjo una importante reestructuración del sistema financiero peruano. El declive de los precios de

---

31. Stinson a Munro, op. cit., p. 19, USNA.

32. Banco de Reserva, *Memoria* 1922-1930.

33. Mayer al secretario de Estado, 26 de diciembre de 1929, Departamento de Estado, 823.516/65, microcopia 746, rollo n8 22, USNA.

productos de agroexportación peruanos afectó al sector social dominante y produjo su reacomodo detrás de la protección estatal. Una vez más, el Estado asumió un nivel de intervención patrimonial bajo la forma de una dictadura militar.

Los sucesos se fueron desenvolviendo como consecuencia tanto de la presión interna como de la externa. El Gobierno peruano contrató a una misión de consejeros financieros norteamericanos para que elaborara una serie de proyectos de reformas bancarias, monetarias y fiscales. Bajo la dirección del profesor de economía Edwin Kemmerer, estos especialistas trabajaron en Perú durante algunos meses de agitada inestabilidad política. Sus proyectos recomendaron la remodelación del Banco Central, considerado por los norteamericanos como una institución demasiado influenciada por intereses locales, así como medidas monetarias para reforzar el patrón oro, la creación de una entidad reguladora de bancos —la Superintendencia de Banca y Seguros—, la introducción del impuesto sobre el ingreso y otras reformas de carácter presupuestario y fiscal.[34]

De todos aquellos proyectos, solo se adoptaron los referentes al Banco Central y a la superintendencia de bancos. Por el contrario, medidas de carácter heterodoxo se impusieron en las directivas financieras del Gobierno. Contrariamente a las recomendaciones de Kemmerer sobre el pago de la deuda externa, se declaró una moratoria de esta en la década de 1920 y se abandonó el patrón oro.[35]

El reestructurado Banco Central de Reserva contó con mayor participación estatal, pero todavía continuaron existiendo intereses privados dentro de su directiva. La Superintendencia de Banca liquidó el Banco de Perú y Londres de forma dilatada y otorgó, en consecuencia, la oportunidad a muchos deudores del sector agroexportador para salvarse de la quiebra. Asimismo, los clamores de protección estatal por parte de los agricultores de algodón se plasmaron en la creación del Banco Agrícola de Perú, la primera institución bancaria de fomento

---

34. *The West Coast Leader (WLC)*, vol. 19, n.° 987 (13 de enero de 1931), p. 1; *WLC*, vol., 19, n2 1001 (21 de abril de 1931), p. 1

35. Banco Central de Reserva del Perú 1944: 7; Drake 1989: 28, 42-43.

nacional, que obtuvo su capital inicial con fondos del Banco Central de Reserva. El Banco Agrícola prestó casi exclusivamente a plantadores de algodón, que fue el producto agrícola que cumplió el rol más importante en la recuperación económica peruana a partir de 1933.[36]

La política monetaria del Banco Central de Reserva, a partir de 1931, se basó en un arreglo entre los agroexportadores, por un lado, y las autoridades monetarias y los banqueros privados, por otro. El arreglo consistía en la captación de divisas del exterior por parte del Banco Central a cambio de crédito otorgado por el Banco Agrícola y otros privilegios brindados por el Estado a los agroexportadores. Los préstamos extranjeros habían cesado por completo, como resultado de la moratoria de la deuda externa. Por lo tanto, los fondos generados por la exportación de algodón eran esenciales para la estabilización de la moneda nacional.[37]

Asimismo, el Banco Central se encargaba de redescontar bonos de deuda interna que los bancos comerciales decidieron apoyar. Hacia finales de la década de 1930, esta política monetaria, basada en el crédito interno, empezó a descontrolarse, ejerciendo renovada presión a la inflación monetaria debido al exceso de gasto y subvención públicos durante los gobiernos de Manuel Prado y José L. Bustamante.[38]

Conclusiones

Los mecanismos monetarios, crediticios, de cambio, tasa de interés y reguladores propios de la banca central en Perú estuvieron influenciados por intereses públicos, privados y extranjeros. Antes de 1884, las bases presupuestarias deficitarias establecieron una tradición de manipulación monetaria adversa a la economía nacional. La desconfianza temprana en emisiones monetarias de papel y la intervención estatal condicionaron, tanto en la época del guano como en la tardía del ciclo agroexportador, una separación entre los intereses financieros

36. Saint Marie 1945: 104-111, 1935: 343-346.

37. *WCL*, vol. 22, n2 1172 (31 de julio de 1934), p. 20-21. Portocarrero 1983: 37-38.

38. Ferrero 1946: 51; Bustamante y Rivero 1949: 194-195; Bardella 1989, cap. 16.

públicos y privados que supo ser llenada, en determinados momentos, por el capital extranjero. Tanto en la crisis financiera del guano, entre 1875 y 1879, como en la depresión económica de 1929-1932, intereses privados sucumbieron ante una protección patrimonial que defendió intereses particulares, disminuyó la necesaria autonomía de los entes reguladores y la banca central, y perjudicó los intereses más generales de la economía y de las mayorías nacionales.

Desarrollo financiero y economía agraria de exportación en el Perú, 1884-1950[1]

En el estudio de la historia económica de América Latina, el análisis del papel que desempeñó el sector exportador como promotor de desarrollo ha entrado en una estimulante nueva fase. En los últimos años del siglo XX se han realizado considerables avances en el entendimiento de las economías de exportación, que son contrarios a la opinión de que la exportación especializada era la causa principal del subdesarrollo y la dependencia. Los nuevos estudios han demostrado el impacto del aumento de la importación sobre una adjudicación cada vez más eficaz de los factores nacionales de producción a la mejora en las redes de transporte,[2] la diversificación urbana e industrial[3] y la intervención activa del Estado, flanqueado por sectores medios y activos de creciente influencia política.[4] Pero son menos los trabajos

1. La investigación en Perú fue posible gracias a una beca para investigación del Consejo de Investigación de Ciencias Sociales (1987). El artículo fue publicado originalmente en: *Revista de Historia Económica*, vol. 10: 263-294. Madrid: Centro de Estudios Constitucionales, 1992.
2. Coatsworth 1981.
3. Cariola y Sunkel 1985, Weaver 1980.
4. Topik 1987, Bergquist 1988, Albert 1988.

que analizan los eslabones cruciales existentes entre la estructura económica y el desarrollo financiero interno.[5] Esta negligencia se da aun a sabiendas de la importancia que tuvo el crédito nacional y extranjero en el auge del crecimiento encabezado por la exportación, y la lucha de los nativos, a menudo subvalorada, pero estratégica, por controlar y dirigir las estructuras económicas latinoamericanas.

El estado actual de las investigaciones requiere contribuciones al debate sobre los efectos y las limitaciones del modelo exportador desde el punto de vista financiero. El presente artículo considera la evolución de uno de los sistemas financieros sudamericanos, influido por las fluctuantes necesidades de su producción agraria de exportación, y el comercio y la élite agrarias. Entre 1884 y 1950, el azúcar y el algodón tuvieron una importante participación de hasta el 72% del valor exportador peruano. Estos productos agrarios de exportación dieron un alto valor de rendimiento y fueron la base de las actividades financieras y económicas de los capitalistas peruanos.[6]

Para descubrir las conexiones concretas entre el modelo exportador peruano y su superestructura financiera, calcularé en primer lugar el nivel del desarrollo financiero peruano en relación con la producción y riqueza nacional y con otros países más y menos desarrollados. Sobre esta base, intentaré después dar respuesta a la cuestión de si la estructura financiera del Perú pudo afrontar el desafío del crecimiento y el desarrollo.[7] De esta forma valoraré si la estructura financiera peruana facilitó o no la diversificación productiva y autónoma dentro del sector exportador agrario y más allá, y si contribuyó o no a una mejor distribución social y regional de la renta por medio de una adecuada adjudicación y distribución del crédito.[8]

---

5. A excepción de Marichal 1988 y Drake 1989.

6. El valor de rendimiento se define como la inversión o reinversión de beneficios en insumo y mano de obra local. Thorp y Bertram 1978: 40, 153; *The West Coast Leader* (*WLC*), vol. 15, n.º 788, 22 de marzo de 1927, p. 9.

7. Morris 1984.

8. Goldsmith 1969, Mckinnon 1973, Leff 1976, Reynolds 1973.

Según los índices que miden la evolución cuantitativa de los activos bancarios y el volumen de los activos financieros totales en relación con la producción y riqueza nacional,[9] podemos establecer que entre 1885 y 1965 hubo en Perú un desarrollo financiero extremadamente fluctuante, pero en general positivo. Si se interpolan mis estimaciones para la ratio anterior a 1965 de instrumentos financieros/producto nacional bruto (PNB), con medidas más contemporáneas,[10] como se hace en el cuadro 1, se observa una considerable subida desde 1960 hasta 1965, análoga, aunque más pronunciada, a la que se produjo entre 1935 y 1945.

Cuadro 1
ÍNDICES DE DESARROLLO FINANCIERO. DIVERSOS PAÍSES, 1850-1965

Años	Total activos financieros/PNB				Ratio de Interrelaciones Financieras, RIF		
	Perú	México	EE. UU.	G. Bretaña	México	India	EE. UU.
1850			1,33	4,95		0,64	0,47
1875	0,59		2,29	3,44		0,47	0,64
1885							
1895		0,27	4,61	6,41		0,40	0,71
1905	0,44	0,38					
1910	0,65	0,52					
1914	0,74		3,47	5,70		0,34	0,83
1925	0,68						
1929	0,56	1,03	5,61	6,96	0,36	0,30	1,29
1939	0,74	1,55	5,17	7,54	0,64	0,38	1,32
1950	0,59	1,33	3,90	5,71	0,74	0,45	1,17

va...

9. Goldsmith 1985: 2, 44; 1987: 1-9.

10. Reynolds 1973: 68-70, basado en mediciones para el año 1965 en Cobo del Prado y Garrido Lecca 1972. Véase también Thorp 1972.

... viene

Años	Activos bancarios/ exportaciones			N.° de entidades bancarias						
	Perú	Colombia	México	Perú		Colombia		México		EE. UU.
				A	B	A	B	A	B	A
1850										
1875				16						
1885	0,23			3				10		
1895	1,14		0,99	4	5					
1905	0,93		1,42	6	12			35	63	24.514
1910	1,15		3,56	6	14					
1914	1,55			7	21	14				
1925	1,87	1,09	0,85	12	28	35		76	66	
1929	1,43	1,97		15	36	16				23.719
1939	2,52	1,80	1,42	13	87			124	61	14.534
1950	2,15		1,83	16	184	14	171	414	846	14.146
1960	2,17		3,60	30	658	18	522	462	2346	13.472
1965				30	688			461	3108	13.600

Notas:
A = número de oficinas principales
B = número de oficinas secundarias y agencias

Fuentes: Para Perú, estimaciones basadas en Camprubí 1957: 119, 217; Extracto y anuario estadístico del Perú 1913-1966; Boloña 1981; Banco Central de Reserva 1960-1974, 1972-1973; Superintendencia de Bancos 1931-1969; Quiroz 1986; Reynolds 1973: 68-70; Lough 1915: 66.
Los índices de activos financieros sobre PNB e interrelaciones financieras para México, EE. UU., Gran Bretaña e India de Goldsmith 1985, cuadro 19. Sobre instituciones financieras norteamericanas véase Rose 1987, cuadro 1.3. Para México, Goldsmith 1966, cuadros 14 y 15; Solís 1970, cuadro iii.2; Cordero 1976, cuadro 1; Ramírez 1985, cuadros 1, 35 y 39; José A. Bátiz, "Trayectoria de la banca en México hasta 1810", en Ludlow y Marichal 1986: 267-297; Moore 1963, cuadro 2; Nacional Financiera S. A., *Statistics on Mexico* (México, 1977), cuadros 7.3, 6.1; Solís y Brothers 1966, cuadros i.a, ii.b.
Para Colombia, Rodríguez y McGreevey 1970, Basch 1966, Bravo Holguín 1966, Drake 1989.

El desarrollo financiero a largo plazo evidentemente no se mantuvo según la ratio de activos financieros/PNB. Es posible que este índice no exprese adecuadamente el desarrollo financiero, si por ejemplo se da un repentino descenso del denominador PNB (debido a una baja repentina en las exportaciones) o si los activos financieros se inflan por una excesiva especulación o por falta de oportunidades de asignación del crédito productivo. Por tanto, es necesario estudiar el ratio de interrelaciones financieras (RIF, ratio de activos financieros/activos tangibles), que es más preciso, y analizar con detalle las fluctuaciones y fases de desarrollo de una estructura financiera.

Pero todavía no es posible hacer una aproximación exacta del RIF peruano, por falta de datos estadísticos sobre la riqueza nacional. De todas formas se pueden identificar tres ciclos muy claros en el desarrollo financiero del Perú, analizando los datos disponibles sobre los activos financieros del sector bancario. Estos incluyen los periodos de 1895-1915, 1916-1932 y 1933-1950. La evolución de los activos sociales de los bancos comerciales y de ahorro, los depósitos y créditos que se muestran en el gráfico 1, describe estas fases con una tendencia general al alza. Más adelante intentaré explicar los factores y agentes que afectan a estas fluctuaciones.

Comparado con el desarrollo financiero de México, el del Perú es más modesto (aproximadamente la mitad que el de México si se mide por la ratio de activos financieros/PNB para 1929-1960), así como menos abrupto en sus oscilaciones. La estimación aproximada de la ratio peruana para 1905 y 1910 es ligeramente superior a la de México en los mismos años; sin embargo, México se mantiene muy por delante en la proporción de los activos bancarios con las exportaciones en los mismos años. La ventaja desaparece en este último índice y Perú se pone en cabeza entre 1925 y 1950. Según los especialistas, México atravesó una verdadera revolución financiera desde 1939, después de experimentar un fuerte descenso y un pobre rendimiento entre 1910 y 1938.[11]

El desarrollo financiero del Perú se acerca más e incluso es marginalmente superior al de Colombia, si observamos la evolución en

11. Goldsmith 1966, Solís y Brothers 1976.

el número de instituciones bancarias y la ratio de activos bancarios/exportaciones entre 1914 y 1950. Para los años 1965-1969, las ratios colombiana y brasileña de activos financieros/PNB son, por término medio, respectivamente, solo cuatro quintas partes y dos tercios del peruano.[12]

Con respecto a las economías desarrolladas, la ratio peruana de activos financieros/PNB se queda claramente atrás: la quinta y octava parte de la de Estados Unidos y Gran Bretaña respectivamente en 1875 y 1914, la décima y la duodécima en 1929, y la séptima y la décima a partir de 1939.

En general, Perú, México y la India no tienen un aumento rápido y sostenido de sus ratios activos financieros/PNB y como el que exhibieron los Estados Unidos entre 1850 y 1913. Ni las ratios de los países más pobres permanecen constantemente altos después de 1914, como en los Estados Unidos. Asimismo, la expansión de los bancos principales en Perú, Colombia y México es inversa al número decreciente de instituciones bancarias en el racionalizado sistema bancario estadounidense desde 1930. Esto probablemente se debe al creciente número de bancos regionales y de desarrollo y a la intervención financiera del Estado en Latinoamérica. Sin embargo, la expansión de las sucursales de los bancos es común a los cuatro países después de 1940, sobre todo en los casos de México y EE. UU.

Según esta breve ojeada comparativa, no se puede calificar de "sustancial" la evolución financiera del Perú, al igual que la de México en la década de 1960, como concluyó Goldsmith.[13]

La posición del Perú en el desarrollo financiero de América Latina puede calificarse de intermedia y superior a la de otros países de tamaño similar, como Colombia. Comparada con las estructuras financieras desarrolladas, la peruana es, sin embargo, muy limitada en su evolución.

A pesar de los resultados relativamente modestos del desarrollo financiero del Perú, no se pueden silenciar los logros históricos que

---

12. Reynolds 1973: 70.
13. Goldsmith 1966: 15.

quedan difuminados por la pesimista opinión de que los costes del modelo financiero exportador fueron superiores a los beneficios.[14] Ni siquiera a la estructura financiera del Perú le faltaron efectos positivos sobre su estructura económica, que a veces se pasan por alto. Tampoco las instituciones y la élite financiera del Perú pueden tacharse simplemente de proextranjeras. Las pruebas apuntan a unas complejas relaciones con los intereses financieros extranjeros, así como a sus relativamente autónomas manipulaciones financieras en ciertos episodios históricos. En este aspecto, el momento es crucial y debe analizarse en una valoración general de los hechos históricos.

El periodo 1884-1950 fue determinante para la formación de la moderna economía capitalista del Perú. Esto no fue pequeña hazaña, porque requirió tres grandes reajustes estructurales que aumentaron la concentración económica y financiera: el primero, después de la destructiva guerra con Chile de 1879-1883, el segundo después de los efectos iniciales de la Primera Guerra Mundial y el tercero después de la depresión de 1929-1932. Perú no estaba al margen de los cambios económicos del mundo, y su estructura financiera —como la de todos los países en la creciente economía del mercado mundial— sufrió pronto el impacto de los desgarros monetarios internacionales y organizativos.[15]

Estos profundos reajustes pusieron en juego cuatro agentes básicos y competitivos en el proceso de intermediación y flujo de fondos en la economía peruana de exportación: los agroexportadores nativos, con su diversa capacidad autónoma y empresarial para el ahorro y la recepción de créditos; los acreedores e inversores extranjeros, sobre todo los comerciantes importadores extranjeros que buscaban consolidar sus garantías prendarias y beneficios como prestamistas a un país escaso de capital; las autoridades monetarias y bancarias locales, que mediaron en los periódicos conflictos de intereses entre productores, comerciantes y acreedores en lo que se refiere al patrón oro, la estabilidad monetaria y la adjudicación de créditos; y, por último, el mayor

14. Malpica 1977: 23, Diez Canseco 1960: 12-15, Yepes 1972: 158-164.

15. Albert 1988: 37-38.

papel del Estado en la reglamentación financiera interna y su recurso al endeudamiento con el exterior.

En los primeros años que siguieron a la Guerra del Pacífico se observa una aparente discontinuidad en la conexión entre el campo financiero interior y la actividad exportadora. El legado de los fracasados bancos de emisión y las hipotecas agrarias a largo plazo durante la era del guano (1862-1879),[16] y una desconfianza muy difundida hacia la economía local, la situación monetaria y la deuda pública, determinaron que las transacciones bancarias se mantuvieran estrictamente comerciales a corto plazo y adversas al crédito agrario. Los principales bancos de préstamo comercial y depósito, cada vez más dominantes, rechazaban de plano las emisiones de papel moneda. No existían instituciones financieras públicas.[17] En el año 1890 se llegó a un costoso acuerdo con los acreedores extranjeros para resolver la deuda impagada de 1876.[18]

Hasta la Primera Guerra Mundial el debilitado sector exportador dependió de las pocas casas fuertes o poderosas empresas comerciales, la mayoría extranjeras, que concedían costosos créditos comerciales a los plantadores de azúcar y algodón.[19] Los productores agrarios siguieron siendo básicamente nativos debido en parte a la falta de interés del capital comercial extranjero por asumir los riesgos de un control directo sobre la producción para la exportación.[20] Los terratenientes costeros, con buenas relaciones comerciales y acreedores hipotecarios privados, concentraron las tierras de los propietarios tradicionales incapaces de pagar sus deudas.[21] Así, en 1900, cuando los precios internacionales del azúcar y el algodón habían mejorado (atrayendo una

16. Camprubí 1957, Hunt 1985.

17. Quiroz 1986: 40.

18. Miller 1976.

19. Harvey 1936: 570.

20. Michael Grace a A. Leslie, 17 de abril de 1884, W. R. Grace & Co. Papers, Columbia University Library, New York, Box 58, n.° 155, p. 292.

21. Klarén 1973: 5-12; contratos de mutuo e hipoteca, escribano Carlos Sotomayor, vols. 777-783, años 1881-1889, Archivo General de la Nación, Lima.

renovada inversión en la agricultura comercial), los plantadores nativos estaban endeudados con los acreedores comerciales extranjeros y dependían financieramente de ellos.[22] Los agroexportadores insatisfechos formularon protestas por la falta de instituciones adecuadas de crédito agrario. Ya en 1902 propusieron la creación de un banco agrario y otras formas de crédito agrario;[23] pero hasta 1931 este banco no se hizo realidad operativa.

Los agroexportadores se opusieron inicialmente a la introducción del patrón oro. Preferían que continuara el sistema monetario basado en la plata. En la década de 1890 el precio internacional de la plata descendió,[24] de modo que los agroexportadores se vieron favorecidos como receptores de moneda extranjera de oro y deudores de moneda de plata. Cuando los proveedores de fondos y servicios comerciales exigieron su pago en oro, y la estabilización económica con el predominio del oro permitió una proletarización menos costosa de la región agraria costera, fueron retirando gradualmente su oposición al patrón oro.[25]

En las cuestiones de política monetaria prevalecieron los intereses de los bancos locales, los acreedores y los comerciantes extranjeros. Entre 1898 y 1902 presionaron por la adopción de una rígida moneda de oro para ofrecer garantías y atraer al capital extranjero. Estas condiciones no se daban debido a la inestable situación económica y fiscal.[26]

En esta fase los bancos comerciales preferían conceder créditos a los comerciantes y no a los plantadores. Los bancos evitaban la competencia directa con el negocio de crédito exportador de las firmas

---

22. Gonzales 1985: 27, 33-35; Klinge 1945: 73-75.

23 Aspíllaga, Garland y Leguía 1902; Ramírez Gastón 1904, 1964; "El Banco Agrícola del Perú" en *El Economista Peruano*, vol. 3, n.° 36 (febrero), p. 420.

24. Meller 1932.

25. Aspílllaga, Dubois y Gildemeister 1892; Correa y Santiago y Payán 1892; Banco del Callao, "Actas de reuniones del directorio", 30 de septiembre de 1892, vol. 5, n.° 610, p. 251 en Archivo del Banco del Perú y Londres en Liquidación, Lima (BPLS).

26. Payán 1892, Garland 1908, Zabludowski 1984.

mercantiles. Los financieros nacionales establecieron una provechosa colaboración con el capital extranjero que hizo florecer el negocio oligopólico. La suscripción de títulos valores financiados en el extranjero y la importación de capitales extranjeros para financiar las acciones y obligaciones locales se pusieron de moda entre 1898 y 1914, cuando el patrón oro estaba en plena operación.[27] Como resultado de las mejoras en la especialización institucional bajo el patrón oro, los tipos de interés para el crédito comercial e hipotecario descendieron.

Por el origen nacional de los directores y accionistas se pueden distinguir tres tipos de bancos en este periodo: extranjeros, nativos y de residentes extranjeros. Las sucursales de los bancos extranjeros tenían un apalancamiento limitado en los asuntos internos por la fuerte representación nativa del sector financiero y la resistencia de los extranjeros a invertir en las finanzas peruanas después de la Guerra del Pacífico. Con excepción del intento temporal de un banco alemán y un banco americano por controlar la financiación de la exportación en la década de 1910, las sucursales de los bancos extranjeros se concentraron más bien en operaciones de cambio y transferencias internacionales.

Los bancos peruanos tenían a su cargo la liquidación de muchos deudores nacionales. Estos bancos también jugaron un papel crucial en el restablecimiento de una base legal para el crédito hipotecario, indispensable para la reconstrucción y restauración urbana luego de la Guerra del Pacífico. Después de 1889 crearon los originales y prometedores créditos hipotecarios urbanos, que sustituyeron a los créditos hipotecarios agrarios de la era del guano. Los financieros locales fundaron también compañías aseguradoras que pudieron controlar el campo de los seguros cuando las compañías extranjeras pusieron fin a sus operaciones en el Perú, como reacción a una legislación que exigía garantías en activos y propiedades locales.[28]

---

27. Godoy 1890-1897; Bolsa Comercial de Lima 1900-1914; sobre aspectos teóricos, véase Ford 1983: 16-17, 1985: 141-165.

28. Primera ley de compañías de seguros, artículos 4 y 5 en *El Economista*, vol. 1, n.° 16 (diciembre 1895); Inspección Fiscal de Compañías de Seguros 1903: 116-119. Sin embargo, las compañías nacionales continuaron reasegurando en el exterior.

En 1900 las entidades bancarias peruanas controlaban el 82% del activo bancario total del Perú (véase cuadro 2) debido a la fusión del Banco del Callao con la sucursal del London Bank of México & South America en una proporción de 3:2 a favor del capital peruano. Pero en 1921 y 1929 los peruanos controlaban respectivamente el 39% y el 32% de los activos bancarios totales, por la creciente importancia de los activos extranjeros y de residentes extranjeros.[29]

Cuadro 2

Participación del mercado bancario comercial y de ahorros peruano, por intereses nacionales, 1885-1965

AÑOS	N.° de bancos				Porcentajes de activos totales				Beneficios netos/ capital y reservas			
	Nat.	*Res.*	*Ext.*	*(Tot)*	*Nat.*	*Res.*	*Ext.*	*(Tot)*	*Nat.*	*Res.*	*Ext.*	*Todos*
1885	2	0	1	(3)	55	0	45	100	—	—	—	—
1895	6	2	1	(9)	62	24	26	100	0,06	—	—	—
1900	11	3	0	(14)	82	18	0	100	0,09	—	—	—
1905	15	3	0	(18)	65	24	11	100	0,11	0,11	0,05	0,10
1915	19	5	3	(27)	58	17	25	100	0,04	0,01	—	—
1925	21	6	12	(39)	38	32	30	100	0,15	0,17	0,05	0,13
1935	5	27	5	(37)	26	45	29	100	—	—	—	0,08
1945	147	—	3	(150)	92*	—	8	100	—	—	—	0,15
1955	269	—	3	(272)	95**	—	5	100	—	—	—	0,12
1965	... 682	—	6	(688)	95**	—	5	100	—	—	—	0,09

Nota: Nat. = bancos nativos; Res. = bancos de residentes extranjeros; Ext. = bancos extranjeros; Tot. = total; Todos = todos los bancos.

* En 1941 el Banco Italiano cambia su nombre por Banco de Crédito, y es considerado una institución nacional, pero sigue dominando el capital italiano y suizo.

** El Banco Continental y otros bancos nativos permiten la participación estadounidense y francesa.

Fuentes: Inspección Fiscal de Bancos 1921-1930; balances de instituciones; Quiroz 1986: 432-439; Cisneros 1912; Superintendencia de Bancos 1931-1966a, 1931-1966b.

29. Quiroz 1986: 48-56.

La categoría de banco de residentes extranjeros solo tenía aplicación a un banco italiano, que comenzó como una entidad que básicamente concedía crédito italiano a la comunidad itálica del Perú, y más tarde evolucionó para convertirse en un banco competitivo local, con una participación en aumento en el mercado bancario nacional.

La supremacía bancaria peruana en este periodo era ejercida por el banco nacional más importante, el Banco del Perú y Londres (BPyL), que absorbió capital británico y francés entre 1897 y 1914 en busca del predominio oligopólico; esto puso en peligro su carácter nativo.[30] Entre 1906 y 1920 los directores y accionistas extranjeros constituían aproximadamente las dos terceras partes de los cuerpos decisorios del banco.[31] Los otros bancos peruanos, el Banco Internacional y el Banco Popular, actuaban como proveedores de crédito para los grupos de élite o las redes empresariales diversificadas en evolución.

Los intereses oligopólicos y los bancos se resistían a aceptar la intervención estatal más allá de ciertos límites. Entre 1884 y 1919 las finanzas estatales se apoyaban considerablemente en el crédito comercial local, ofreciendo la concesión de empresas recaudadoras de impuestos semipúblicas a intereses financieros privados. La deuda pública extranjera se había reducido drásticamente desde 1879. Sin embargo, la financiación extranjera de las acciones de compañías semipúblicas y los créditos limitados al Estado comenzaron a aumentar entre 1905 y 1914.

En lo que se refiere a la legislación, el Estado se circunscribe a facilitar la circulación del oro, a emitir billetes según el patrón oro durante la Primera Guerra Mundial, a conceder privilegios monopólicos a sus acreedores nacionales y a supervisar de forma limitada las secciones hipotecarias de los bancos, las compañías de seguros y las cajas de ahorros.[32] La insuficiente legislación estatal no pudo impedir los efectos negativos del crédito y la concentración de riqueza.

---

30. Para establecer interesantes comparaciones entre el BPyL y el Banco Nacional de México, respectivamente, las instituciones bancarias líderes en ambos países para el periodo 1884-1910, véase Ludlow y Marichal 1986: 258.

31. PBYL, "Actas de Juntas de Accionistas", 26 de diciembre de 1906 y 18 de marzo de 1907, vol. 2, pp. 58-62, BPLS.

32. Perú, Cámara de Diputados 1921, Quiroz 1986: 58.

El escenario de capitalismo competitivo que se desarrollaba en Perú tenía sus inconvenientes en el ámbito social. En primer lugar, la concentración de riqueza entre unos pocos tuvo grandes consecuencias. Las entidades financieras y los grupos de élite concedían poco crédito a la clase popular. El sistema financiero peruano no estaba diseñado para ejercer un mayor impacto social. Puesto que los bancos comerciales no aceptaban pequeñas cantidades como depósitos, los pequeños ahorradores de Lima tenían que confiar en la Caja de Ahorros, que era regida por una institución benéfica. No se concedían créditos a estos pequeños ahorradores, y los intereses sobre sus depósitos eran más bajos que los que obtenían los clientes de los bancos.[33] Los asalariados debían cubrir sus necesidades económicas empeñando sus bienes personales o sus salarios semanales, con un fuerte interés, a las muchas casas de préstamo activas que existían, la mayoría propiedad de extranjeros, sobre todo italianos. La falta de interés de los bancos comerciales por el negocio del pequeño ahorro y el préstamo, hasta finales de la década de 1920, dio lugar a breves intentos de combatir la usura por parte de la Iglesia, que abrió montes de piedad de estilo colonial.[34]

En segundo lugar, el centralismo financiero de Lima se hizo abrumador. El establecimiento de sucursales bancarias en provincias se retrasó considerablemente. La estructura bancaria peruana no cubrió toda la geografía nacional hasta 1910. Sin embargo, las sucursales situadas en las ciudades de provincia se limitaban a ser "agencias para el descuento de instrumentos comerciales y la compraventa de letras de cambio en Lima".[35] Sus clientes en provincias eran básicamente rentistas tradicionales, y en los años treinta las cuentas deudoras eran sobre todo de comerciantes.[36]

---

33. Beneficencia Pública de Lima 1909-1929, Mayer 1906: 1155, Camprubí 1968a: 86-88.

34. Inspección de Casas de Préstamo, "Relación de las casas de préstamo que actualmente existen en la capital", en *Boletín Municipal* (Lima), primer semestre de 1901, pp. 37, 69; "Parte mensual", ibíd., 1889-1913; Olivares 1923.

35. BPyL en liquidación, "Registro de créditos inscritos por oficinas" y "Registro de créditos no inscritos por oficinas", mayo de 1931, BPLS.

36. Ibíd.

La construcción de nuevas carreteras y el despertar de algunos intereses industriales en las regiones del interior desde los años veinte aumentaron el interés de los bancos y los grupos de élite en el aspecto regional. Pero como vemos en el cuadro 3, siguió prevaleciendo la tendencia a concentrar los créditos en Lima y en las regiones costeras. Los préstamos hipotecarios concedidos en provincias fuera de Lima constituían en 1915 solo de 17 a 23 por 100 del total nacional. En 1926 los depósitos procedentes de provincias sumaban solo el 28% de los depósitos situados en los bancos comerciales. El Estado patrocinó bancos de desarrollo que aparecieron en 1931 e hicieron poco por alterar esta situación. Además, los grupos dirigentes provinciales tardaron más que los grupos costeros en superar su especialización comercial.

A pesar de la falta de un sistema financiero nacional equilibrado, entre los años 1917 y 1929 se logró un avance significativo hacia una relativa independencia económica de la influencia extranjera. En este periodo la élite consiguió transformar los beneficios de un floreciente ciclo exportador (con fuertes variaciones de los precios a corto plazo) en una independencia temporal de los acreedores extranjeros del sector privado. Durante la Primera Guerra Mundial y después de la fuga de los inversores extranjeros, especialmente los británicos, debido a la guerra y a la recesión internacional de posguerra. Los capitalistas nativos llenaron el vacío con presteza. Con entusiasta impulso, los peruanos se hicieron con los complejos agroindustriales y las instituciones bancarias.[37]

37. El control de los accionistas franceses y británicos del BPyL descendió del 73% del total de acciones en 1913 a 34% en 1921. "Accionistas", 1913-1921, BPLS. Los complejos agroindustriales de Santa Bárbara, Puente Piedra, Paramonga y San Nicolás fueron adquiridos o capitalizados por nacionales en los años 1917-1921. Informaciones mercantiles e industriales (1921); Albert 1976: 140; Basadre 1968, IX: 300.

Cuadro 3

Indicadores de la concentración bancaria regional peruana, 1894-1965

Años	Todas las provincias (Lima excluida)			Créditos comerciales			Créditos del Banco Industrial			
	Cred. com.	Dep. com.	Hipotecas	Costa	Sierra	Selva	Prov.	Costa	Sierra	Selva
1894			23							
1905			22							
1915			17							
1926		28								
1935	17	19								
1945	28	28	22	90	9	1	27	87	11	2
1955	19	21	6	93	6	1	27			
1965	21	23	2	92	7	2	51	70	29	1

Nota: Cred. = créditos, Com. = comerciales, Dep. = depósitos; Prov. = provincias
Fuentes: Inspección Fiscal de Bancos Hipotecarios 1902-1907; *El Comercio* 1894-1901; Inspección Fiscal de Bancos 1931-1966, 1955, 1966.

Por primera vez desde la era del guano, la élite agraria peruana por fin controlaba y coordinaba el núcleo de la financiación del sector exportador agrario. Esto no debe olvidarse, a pesar de la continuada presencia de compañías mineras, petrolíferas y de ferrocarriles americanas y británicas (Cerro de Pasco, Vanadium, Northern Peru Mining, International Petroleum, Lobitos Oilfields, Peruvian Corporation), que para los años veinte habían consolidado su control sobre la mayor parte de las exportaciones de mineral.[38]

Los beneficios por la exportación se habían disparado entre 1917 y 1920, y por tanto habían aportado una relativa independencia fiscal a la Patria Nueva del presidente Augusto B. Leguía (1919-1930). Además, se aumentó la protección arancelaria para incentivar a la industria nacional. La construcción de carreteras, los programas de regadío,

38. Thorp y Bertram 1978, cap. 5; Dore 1988, cap. 4.

el crecimiento urbano y una variedad de mejoras públicas constituyeron los pilares de la política económica de desarrollo del presidente Leguía.[39]

En 1920-1922 se negoció en unas difíciles conversaciones con la élite financiera, que se oponía a la introducción de un banco de reserva por considerarla una mayor intervención del Estado en cuestiones económicas y financieras. Leguía ofreció a cambio flexibilidad crediticia a los intereses financieros nacionales relacionados con el sector agrario de exportación. Nombró entonces a su familiar Eulogio Romero presidente del nuevo Banco de Reserva en 1922. Romero fue sustituido en 1925 por el plantador de azúcar y acreedor del Estado Augusto Gildemeister, el exvicepresidente del banco. Eulogio Fernandini, un importante minero, fue también uno de los directores del banco nombrados por el Estado. Los agroexportadores y mineros mantuvieron así una presencia estratégica en el banco. Los bancos locales, no el Estado, facilitaron el capital para el banco.[40]

El Banco de Reserva hacía redescuentos a bancos peligrosamente hiperespecializados en el crédito a la agricultura comercial, por ejemplo, los préstamos del BPyL al sector azucarero. Esto aumentó las posibilidades de una catástrofe financiera en el caso de que ocurriera una crisis en la exportación.[41] El Banco de Reserva de Leguía continuó con algunas modificaciones la política monetaria adoptada en Perú durante la crisis del oro de 1914. La moneda de oro había sido reemplazada por papel moneda emitido por los bancos privados y respaldado por reservas de oro en el extranjero. Leguía hizo prerrogativa del Estado este tipo modificado del patrón oro haciéndose con el control

---

39. Leguía 1936, Hooper López 1964; críticas tendenciosas a Leguía en Ugarteche 1930 y Ramírez Gastón 1964: 39, Drake 1989: 216-217.

40. Dejean de la Batie al Ministre des Affaires Etrangères, 6 de abril de 1922, Archive du Ministère de l'Economie et des Finances, Paris, B32-896; Poindexter al secretario de Estado, 29 de junio de 1925, Estados Unidos. Departamento de Estado, Estados Unidos. National Archives (USNA), Washington, D. C, microcopia 746, rollo n.° 22, 823.526/46.

41. Caja de Depósitos y Consignaciones 1925, n.º 39; Banco de Reserva del Perú 1922-1930); BPyL; "Directorio", 1921-1928, BPLS.

de las reservas de oro peruanas en Estados Unidos y transfiriéndolas provechosamente a Londres.[42] Leguía desplazó así los intereses de los bancos locales en la política monetaria. Garantizando la estabilidad monetaria a los acreedores extranjeros, añadía incentivos al crédito extranjero, aunque con ello también disminuía las posibilidades de los agroexportadores para beneficiarse de las devaluaciones monetarias.

Los programas de obras públicas y el patrocinio de la élite requerían de Leguía grandes gastos presupuestarios. Gran parte de su estrategia política dependía de que no se vinieran abajo estos dos pilares: las obras públicas y el apoyo de la élite. La caída de los beneficios de la exportación en 1921-1922 y 1925-1926 amenazó con desequilibrar el presupuesto del Estado, con paralizar el programa de obras públicas y depreciar la moneda. Leguía recurrió entonces al préstamo extranjero a gran escala.

Los veinte fueron años en que el crédito, público y privado, en creciente aumento, financió la fiebre de la construcción de carreteras y compra de automóviles y camiones que cambió la faz de las comunicaciones terrestres peruanas.[43] Las obras de regadío, como las de Imperial y Cañete, fueron posibles gracias a un crédito estatal barato que subvencionó la compra de terrenos de regadío por parte de pequeños plantadores de algodón.[44] Las obras de urbanización, saneamiento y pavimentación en Lima y las ciudades provinciales dieron así un gran salto hacia adelante.

La política de los bancos americanos de conceder abundantes créditos a los gobiernos sudamericanos era parte de un movimiento en favor de los intereses estadounidenses que acabaron con la supremacía financiera y comercial británica en países como el Perú. El ambiente financiero internacional era optimista. Los observadores extranjeros veían muy prometedor el futuro del Perú. Leguía comprendió pronto

---

42. Presidente del National City Bank a Andrew W. Mellon, 1 de junio de 1921, U. S. Department of the Treasury, Box 162, File n.° 1, USNA; U. S. Department of State (1936), vol. II, pp. 663-666.

43. Wilson 1987: 127.

44. Klinge 1935: 26.

las ventajas de dar grandes "facilidades para la inversión del capital no empleado de los países industrializados".[45]

Como consecuencia del aumento de la intervención estatal, las élites exigieron un gobierno que las respaldara, un incremento del crédito oficial y un suministro flexible de moneda que les resolviera los problemas financieros ligados a los descensos en la exportación. Pero los acreedores extranjeros también pretendían beneficiarse de la intervención estatal. Los bancos comerciales locales perdieron los prometedores mercados hipotecario y del pequeño ahorro cuando el Estado se hizo con su control para aumentar su atractivo financiero ante los acreedores extranjeros. Además, los contratistas extranjeros redujeron los rendimientos de las obras públicas financiadas con fondos prestados. Los oligopolios industriales limitaban el campo de la financiación industrial. Por tanto, la hiperespecialización en el crédito a la agricultura comercial siguió aumentando. Esto quedaba patente en la gran cantidad de redescuentos de documentos mercantiles ligados a las grandes propiedades que realizó el Banco de Reserva.[46] En otras palabras, el Estado estaba contribuyendo a la infraestructura nacional, pero frenando las inversiones financieras locales.

Con la deposición de Leguía por un golpe de Estado militar en agosto de 1930, la inestabilidad política, rasgo común en los países sudamericanos durante los años de la depresión, intensificó la crisis económica del Perú. El crédito comercial privado se había restringido desde noviembre de 1929; los cuentacorrentistas se dejaron llevar del pánico en octubre de 1930, obligando al BPyL a cerrar temporalmente. La depreciación monetaria continuó sin control, proporcionando algún alivio a los exportadores, pero causando la desolación entre los importadores y los deudores en moneda extranjera.[47] El crédito comercial directo a los intereses agrarios se vino abajo. Poco hicieron en 1930-1931 los militares en el poder, que asistieron a la intensificación

45. "Interview with President Leguia" por John Clayton, en *The West Coast Trader* (*WLC*).

46. Banco de Reserva: 1922-1930.

47. *WCL*, vol. 18, n.° 965 (12 de agosto de 1930), p. 1.

de las crisis de la exportación y las finanzas cuando los precios de exportación del cobre, el azúcar y el algodón cayeron verticalmente. Cumplieron así su promesa de proceder en cuestiones económicas y financieras con "honrada parsimonia".[48]

Los intereses agroexportadores demostraron ser una relativa bendición en el periodo de recuperación económica que siguió a 1932. Por un lado, la producción de algodón, con grandes rendimientos y mejores precios desde 1933, suministró suficiente moneda extranjera para sostener las operaciones crediticias del Banco Central. Por otro lado, la bien organizada élite agraria demostró su influencia antidemocrática con la defensa de sus estrechos intereses en lo político y financiero.

En lo más profundo de la depresión, el sector agrario tenía un respaldo financiero extremadamente precario. La Sociedad Nacional Agraria (SNA) presentó a los gobiernos posteriores a Leguía largas listas de peticiones que iban desde precios más bajos para los fertilizantes hasta la reducción de impuestos.[49]

Se consideraba opresivos a los habilitadores (prestamistas) comerciales particulares. Los intereses extranjeros amenazaban con apoderarse o embargar las propiedades agrarias de los peruanos que habían alcanzado una significativa autonomía financiera en el periodo anterior. Sin embargo, la demora en el proceso de liquidación de los activos y obligaciones del BPyL y la devaluación monetaria libraron de una quiebra desastrosa a importantes plantaciones.

Se presentaron al Congreso varios proyectos para que declarase una moratoria sobre préstamos hipotecarios privados e impusiera el pago de las deudas en moneda nacional.[50] El presidente militar, coronel Luis Sánchez Cerro, había seguido pagando la deuda externa en medio de la depresión económica general de 1930-1931. Hasta después

---

48. *WCL* vol. 18, n.° 967 (26 de agosto de 1930), p. 16.

49. "Sociedad Nacional Agraria", *WCL* vol. 18, n.º 974 (14 de octubre de 1930), p. 19; "El problema azucarero", *La Vida Agrícola*, vol. 14, n.º 158 (1937), pp. 35-38.

50. "Proposed Moratorium on Mortgage Loans", *WCL* vol. 20, n.º 1051 (5 de abril de 1932), p. 2. "Obligations Contracted in Foreign Money". Lima Chamber of Commerce Voices its Protest Against Recent Legislation), *WCL*, vol. 20, n.º 1071 (23 de agosto de 1932), p. 4.

de otros varios levantamientos desestabilizadores, no se tomaron medidas sobre la candente cuestión de la deuda externa. Aconsejado por el plantador de azúcar norteño Rafael Larco Herrera, ministro de Asuntos Exteriores y posteriormente ministro de Finanzas, el gobierno provisional de compromiso de David Samanez Ocampo suspendió la devolución de la deuda exterior peruana el 20 de marzo de 1931.[51] Este impago, que duró prácticamente hasta 1951, y el abandono del patrón oro en mayo de 1932, fueron esenciales para la recuperación económica y financiera y la supervivencia de los agroexportadores.[52]

El Banco Agrícola del Perú, un ambicionado proyecto de los agricultores, por fin se hizo realidad operativa en 1931. El vacío dejado por el BPyL en la estructura del crédito agrario fue llenado en parte por el Banco Agrícola, que fue el único en facilitar un crédito muy necesario a los plantadores de algodón y azúcar. La nueva institución se creó en agosto de 1931 como un retoño del Banco Central, reduciendo el capital de este último en favor del primero, en medio del mayor escepticismo en cuanto a una recuperación de la exportación agraria.[53]

El Banco Agrícola era la versión peruana de un New Deal, en el que el influyente sector de los plantadores estaba encabezado por la SNA. Los fondos para el banco se extrajeron del capital del Banco Central a fin de conceder a las propiedades más productivas mayores créditos a un tipo de interés más bajo. De esta forma, una importante porción de los escasos recursos financieros del Estado se sustrajo a la estabilización del tipo de cambio recomendada por el asesor financiero americano E. Kemmerer y se dedicó a la financiación del sector exportador agrario. En la década de 1930 los plantadores de algodón eran los principales beneficiarios de los préstamos "controlados" del Banco Agrícola: en 1932, por ejemplo, del total de sus préstamos (10.551.830

---

51. "Peruvian National Loans: Service Suspendend by Supreme Decree", *WCL*, vol. 19, n.º 997 (24 de marzo de 1931), p. 1.

52. "El cambio", *La Vida Agrícola*, vol. 13, n.º 146 (1936), pp. 21-24.

53. *WCL*, vol. 19, n.º 1018 (18 de agosto de 1931), p. 1; ibíd., vol. 19, n.º 1027 (20 de octubre de 1931). Pedro G. Beltrán, un importante agricultor, ocupó el puesto de vicepresidente del nuevo Banco Central de Reserva; Banco Central de Reserva, *Boletín mensual*, vol. 1, n.º 1 (septiembre de 1931).

soles), el banco adjudicó el 66% al algodón, el 14,7% al arroz, el 8,3% a los productores de azúcar y el 8% a los ganaderos.[54]

La política crediticia del Banco Agrícola consiguió asegurar sus préstamos supervisando muy de cerca la capacidad empresarial del deudor y sus sistemas de contabilidad. Los préstamos se aplicaban básicamente a financiar las cosechas anuales y solo se renovaban previo pago total de préstamos anteriores. El sector comercial agrario era el único que se beneficiaba de este sistema de crédito controlado porque los costes de supervisión eran demasiado altos para ser aplicables a préstamos en pequeña escala.

Los pequeños agricultores recibieron solo el 7,7% de los préstamos totales (263 millones de soles) entre 1931 y 1944. El banco veía un riesgo mayor en el préstamo a pequeños productores, que aún no estaban organizados en cooperativas.[55] Hasta 1944 no se había concedido ni un solo crédito a las comunidades campesinas, porque, como dijeron los directores del banco, los campesinos "no los habían solicitado".[56]

A cambio de patrocinar al Banco Agrícola, el Estado pudo obtener de los bancos comerciales y agrícolas una serie de letras de cambio extranjeras que adquiría y redescontaba el Banco Central. Esto dio un relativo respaldo a la moneda peruana, que no se siguió depreciando e incluso se estabilizó entre 1933 y 1938.[57]

Además, en 1932, un "préstamo patriótico" estimuló los préstamos internos y una mayor circulación. El primero de los subsiguientes

---

54. "Farmer's Bank of Peru", *WCL*, vol. 21, n.º 1092 (17 de enero de 1933), p. 25; "El Banco Agrícola y la Superintendencia de Bancos", *La Vida Agrícola*, vol. 12, n.º 139 (1935), pp. 439-441, y vol. 12, n.º 144 (1935), pp. 915-918.

55. Los pequeños agricultores recibieron 12,8% de los préstamos del banco en 1944. No se les otorgó préstamos entre 1931 y 1933. Saint Marie 1943: 104-111. "Crédito agrícola: crédito para el pequeño agricultor", *La Vida Agrícola*, vol. 12, n.º 138 (1935), pp. 343-346; "Memoria del Banco Agrícola del Perú", ibíd., vol. 14, n.º 170 (1938), pp. 95-100.

56. Saint Marie 1945: 111; "La labor del Banco de Fomento Agropecuario del Perú", *La Crónica*, 31 de mayo de 1959, pp. 10-11.

57. Policy of Central Reserve Bank, of Peru, *WCL*, vol. 22, n.º 1172 (31 de julio de 1934), pp. 20-21 y "Monetary Policy of the Central Bank", vol. 22, n.º 1191 (11 de diciembre de 1934), p. 7. Portocarrero 1983: 37-38.

préstamos privados fue concedido por el semifascista Sánchez Cerro para la compra de material de defensa con que afrontar la crisis fronteriza de Leticia con Colombia, que amenazaba con convertirse en otra Guerra del Chaco. Cuando el general Óscar Benavides subió al poder tras el asesinato de Sánchez Cerro en mayo de 1933, dio rápida solución a la peligrosa situación de preguerra, adversa a la inversión extranjera y nacional. Con sus medidas estabilizadoras, Benavides se ganó pronto la confianza del capital privado, que no se fugó del país. Esta confianza de los particulares en el régimen autoritario de Benavides dio un cierto margen a la política de aumento crediticio e intervención del Estado.[58]

Pero los intereses agrarios no deseaban un Estado intervencionista que fuera más allá de la ayuda directa a la agricultura. Los agricultores se oponían a una subida de las tasas de exportación, a la reforma del impuesto sobre la renta y al incremento del presupuesto, y favorecían una devaluación monetaria en momentos críticos.[59] Encabezados por el algodonero ultraliberal Pedro Beltrán, educado en Inglaterra, se creó en 1936 el Partido Nacional Agrario sobre la base de que la SNA formara una alianza electoral con el antiguo Partido Civilista. Los intereses de la exportación agraria visualizaban un Estado liberal y barato como el que existía antes de 1919. Políticamente, los agroexportadores eran conservadores y apoyaron la represión del populista partido aprista. Jorge Prado y su moderado movimiento "liberal" representaban, a la inversa, la continuación de la tendencia desarrollista e intervencionista ligada a los sectores de la élite que se orientaban a la industria y a la expansión del mercado interno. Prado prometía también la tolerancia para el influyente y desterrado APRA.[60]

Así pues, la élite peruana se mostró dividida en las elecciones de 1936, por lo que los ricos sufrieron una fuerte derrota democrática. Antes de que las elecciones fueran declaradas nulas por Benavides

58. Romero 1945: 17-22. *WCL*, vol. 21, n.º 1121 (8 de agosto de 1933), p. 1.

59. "Los agricultores y la política", *La Vida Agrícola*, vol. 13, n.º 150, (1936), 385-386; Portocarrero 1983: 28, 85-87.

60. Ibíd., pp. 22, 40; *WCL*, vol. 23, n.º 1245 (24 de diciembre de 1935), p. 1.

—que siguió gobernando sin convocar otras elecciones hasta 1939—, el candidato apoyado por el APRA, Luis Eguiguren, era el claro ganador, seguido por el candidato fascista Luis Flores, heredero del difunto Sánchez Cerro.[61]

Las entidades financieras privadas de este periodo seguían la política crediticia conservadora y de alta liquidez del Banco Italiano, que había reemplazado al fallido BPyL y heredado la importante estructura y mercado de las agencias provinciales controladas anteriormente por el banco peruano.

En la década de 1920, el Banco Italiano se había apartado de su política de concesión de créditos agrícolas y había desviado su estrategia hacia la expansión urbana y los mercados internos, más prometedores, sin perder la liquidez y movilidad de sus fondos y activos. Esta estrategia le dio buenos resultados.

El Banco Italiano reforzó la tendencia existente desde 1917 a que el total de los depósitos estuviera a un nivel más alto que el del total de los créditos y descuentos (véase gráfico 1). En el peor momento de la crisis económica, el banco declaró unos buenos dividendos del 10 y el 8 por 100 para los años 1931 y 1932.[62] Sus reservas excedían cinco veces las que exigía la ley. Además, el Banco Italiano contaba con el respaldo financiero italiano y suizo, lo que le permitió financiar el monopolio eléctrico (Empresas Eléctricas Asociadas), las obras del puerto del Callao, el oligopolio de la molienda de la harina y varias industrias oligopólicas que estaban en manos de la primera o segunda generación de italianos.[63] En 1935 el Banco Italiano concentraba el 45% de los activos totales de los bancos comerciales y las cajas de ahorro (véase cuadro 3).

Como resultado de la recuperación de la exportación y de la expansión monetaria, los bancos comerciales habían experimentado un aumento de depósitos sin aparente adjudicación en otras direcciones.

---

61. Portocarrero 1982.

62. Annual General Meeting of Shareholders of Banco Italiano, *WCL*, vol. 20, n.º 1046 (1 de mayo de 1932), p. 4, 45 the Annual Report of the Banco Italiano, *WCL*, vol. 21, n.º 1098 (7 de marzo de 1933), p. 21.

63. Cicarelli 1988.

Los bancos no aumentaron sus créditos proporcionalmente. ¿Cómo siguieron obteniendo beneficios con unas obligaciones crecientes, no compensadas por mayores créditos? La respuesta está en una liquidez en aumento (fondos disponibles) que se utilizaba para comprar bonos de crédito público interno. Estos bonos se redescontaban en el Banco Central de Reserva. La fuerte liquidez permitía realizar operaciones muy provechosas con moneda extranjera y servir a exportadores e importadores (otras cuentas del pasivo).[64] La Bolsa de Lima también se benefició de esta fuerte liquidez. Como consecuencia, el desarrollo financiero en este periodo de recuperación exportadora experimentó un importante avance.

En diciembre de 1939 Manuel Prado, el candidato favorito de Benavides, fue elegido presidente en medio de una sombría situación internacional. Prado había sido presidente del Banco Central entre 1934 y 1939,[65] y tenía considerable experiencia en el uso del crédito público interno para promocionar proyectos estatales. Su plan más ambicioso era la creación de compañías nacionales que desarrollaran los recursos nacionales desaprovechados: la Corporación del Amazonas (1942) y la Corporación Peruana del Santa (1943).[66]

Estas empresas estatales carecían de una buena planificación y no dieron los resultados deseados, por los fondos limitados con que contaba el Estado, la dificultad de importar maquinaria durante la Segunda Guerra Mundial y la falta de financiación extranjera por el prolongado impago de 1931. Con un capital total proyectado de 100 millones de soles para la Corporación del Santa, en 1944 el Estado había entregado únicamente 8 millones.

---

64. Superintendencia 1954-1940, 1931-1945; Portocarrero 1983: 21

65. Banco Central de Reserva, *Boletín mensual*, 1934-1939.

66. Saint Marie 1945: 112-120, 258-259. La Corporación del Amazonas explotaba caucho durante la Segunda Guerra Mundial. La Corporación del Santa era un complejo industrial e hidroeléctrico en el departamento de Áncash, "Memoria de la Corporación Peruana del Santa", *Revista de Hacienda*, vol. 26 (1946), p. 451.

Gráfico 1
Bancos comerciales y de ahorro
(activos totales, depósitos y créditos, 1872-1968)

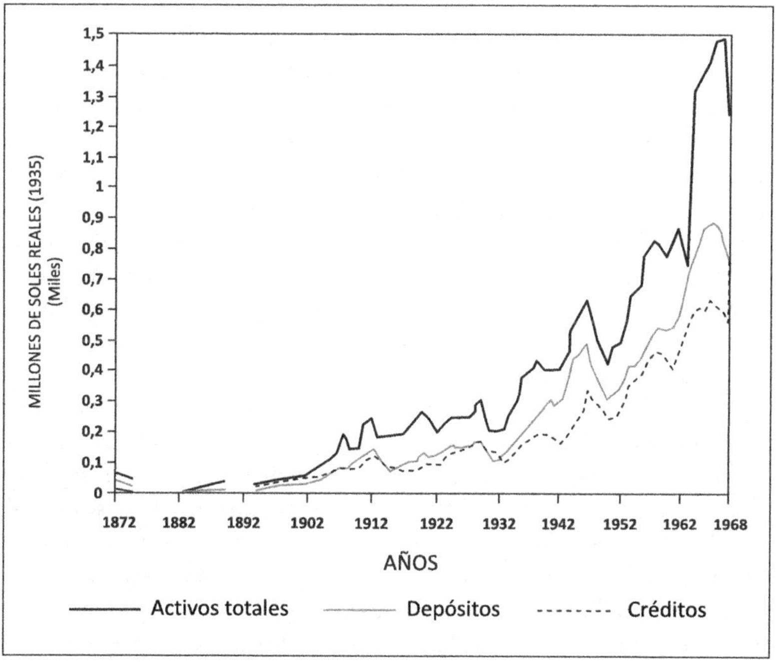

Nota: Las cantidades corrientes han sido deflactadas por el índice de precios al por mayor de 1909-1949, y el deflactor implícito del PNB en 1950-1968; el índice de precios de 1891 estimado por Shane Hunt; los deflactores de los años que restan son extrapolaciones y estimaciones basadas en los tipos de cambio.
Fuentes: Camprubí 1957: 217, 234; conjunto de balances de entidades individuales en *El Comercio* y *El Financista* (Lima, 1883-1917); Inspección Fiscal de Bancos, informe (Lima, 1921-1930); Extracto estadístico (1918-1944); Anuario estadístico (1944-1966); Superintendencia de Bancos, *Memoria* (1931-1966); Hunt 1980; Superintendencia General de Aduanas, Estadística general del comercio del Perú, 1891 (Lima, 1892), II, pp. 27-31.

Prado realizó también una osada política financiera expansionista. La emisión de bonos de deuda interna aumentó, y continuó el exceso de liquidez de los bancos. Esta política llegó a su límite cuando la inflación, la devaluación y la fuga de capitales hicieron de nuevo su aparición en los años 1938-1946. La respuesta de Prado fue imponer controles en los tipos de cambio y las importaciones, que causaron gran preocupación entre los exportadores. Sin embargo, las grandes firmas importadoras y los industriales que de ellas dependían apoyaron las medidas de control que favorecían las importaciones de bienes de inversión.[67]

Durante la Segunda Guerra Mundial, la naciente industria peruana, como otras industrias latinoamericanas, tuvo grandes oportunidades para la sustitución de importaciones a pesar del alto coste de las mercancías esenciales de importación. Pero los importadores e industriales del Perú desaprovecharon estas oportunidades utilizando cuotas de importación sobrevaloradas y pagadas con la divisa extranjera barata que facilitaban los mecanismos de control estatal para el cambio y la importación establecidos por Prado. Los importadores e industrialistas que de ellos dependían tenían en aquel momento vara alta en la política financiera.

La producción industrial nacional aumentó, pero las importaciones peruanas subieron espectacularmente de valor en 1943. El comercio extranjero, que desde 1933 había dado beneficios, se volvió negativo. Esto se debió a una política de importaciones que era demasiado vulnerable a la subida de los precios internacionales en las importaciones básicas peruanas (maquinaria y vehículos, alimentos, productos químicos industriales, aparatos eléctricos). Surgió la inflación.[68] Este es un caso de desaprovechamiento de unas oportunidades de desarrollo que distorsionó la adjudicación de los recursos, la distribución de la renta y la capacidad empresarial por el apoyo que los importadores y los industriales prestaron a la represión financiera ejercida por el Estado.[69]

---

67. Portocarrero 1983: 33.

68. Arca Parró 1945: 49, 53-54; Ferrero 1945: 342-343. *Memoria del Banco Industrial del Perú*, en Perú 1941: 755. La inflación puede considerarse como un "ahorro forzado" de acuerdo con Rómulo Ferrero, primer ministro de Hacienda del régimen de José L. Bustamante. Perú 1946, I: 245.

69. "El Banco Industrial y la agricultura". *La Vida Agrícola*, vol. 13, n.° 157 (1956), pp. 935-938. Portocarrero 1983: 43-45. Críticas a estrategias de industrialización basadas en altas ganancias, financiamiento interno y represión financiera, en Garrido-Lecca y O'Mara 1974: 48-49.

La confianza de la élite en las medidas financieras del Estado descendió aún más cuando persistieron el control y los aumentos de salario bajo el régimen de José L. Bustamante (1945-1948). La inflación aumentó hasta alcanzar un peligroso 45% en 1946, cuando en 1945 había sido de 7,1% y en 1944 de 2,9%. Como consecuencia, los depósitos comerciales, los ahorros y los activos nos muestran un considerable declive entre 1946 y 1950 en el gráfico 1.[70]

El peso del algodón y el azúcar en las exportaciones peruanas también inició su reducción a largo plazo, a pesar de su último resurgimiento en 1951. Por tanto, la antigua influencia de los intereses exportadores agrarios se desdibujó. Los grupos de élite y los nuevos capitalistas controlaban ahora la dependiente producción industrial y la reciente industria pesquera floreció con la ayuda del sector comercial bancario.[71]

La política más significativa del sector comercial bancario, que se adaptó rápidamente a las cambiantes condiciones económicas, fue la concesión de importantes créditos a estos nuevos sectores. Por fin, en la década de 1960 comenzaron a aparecer los bancos regionales. Nuevos métodos financieros transformaron el carácter anterior de la estructura financiera, apartándola del exceso de liquidez o de la influencia agroexportadora.[72] El Banco Continental fue fundado en 1951 por hábiles financieros como Alfredo Álvarez Calderón, que vio las posibilidades que brindaban al sector industrial los métodos de financiación a largo plazo.[73] Este banco aceptó la participación extranjera, como hicieron otras entidades nacionales (incluido el Banco de Crédito), que controlaban del 92% al 95% del total de activos comerciales bancarios desde 1945 (cuadro 2). Como consecuencia, el capital extranjero incrementó su influencia sobre la estructura financiera peruana. De esta forma la financiación industrial parece que obtuvo una cierta diversificación, pero a costa de ver disminuir su autonomía.

---

70. Jelicic 1947: 254-568.

71. Thorp y Bertram 1978: 211, 245; Roemer 1970.

72. Ordóñez 1963, Basombrío Zender 1979, Cuchiarelli 1973, Superintendencia 1968-1988.

73. *La Prensa*, n.º 24615 (1956), pp. XIV-XVIII.

Conviene ahora llegar a algunas conclusiones generales tras esta exposición de datos sobre las sucesivas fases del desarrollo financiero peruano. Volvamos a la primera de nuestras dos preguntas básicas. ¿Ayudó el sistema financiero peruano a la diversificación productiva y autónoma de la economía de exportación? Según el gráfico 2, el crédito concedido por el sector comercial bancario evidencia un viraje a largo plazo desde los sectores agrícolas, de la construcción y gubernamentales hacia el sector industrial y un aumento del ya alto porcentaje de crédito concedido al comercio. El continuado incremento de los porcentajes concedidos a la industria y el comercio deben, pues, identificarse con una limitada modernización y diversificación de la economía de exportación peruana y de su superestructura financiera.

El desarrollo financiero peruano fue positivo, pero inestable. Las considerables fluctuaciones de los indicadores financieros del cuadro 1 limitaron el impacto de la estructura financiera sobre una diversificación más productiva. Como hemos visto, por un lado la extrema especialización de los agroexportadores y las pérdidas sufridas durante las caídas de la exportación (sobre todo entre 1927 y 1932) retrasaron el desarrollo financiero. Los intereses agrarios lograron diversificarse hasta cierto punto en años posteriores, por medio de la formación de grupos. Pero en las décadas de 1930 y 1940 la inversión alternativa y la adjudicación de créditos se vieron limitadas por la expansión de un mercado interno oligopólico y dependiente de la importación.

La intervención y la reglamentación financiera del Estado contribuyeron sobre todo a una creciente infraestructura de carreteras y planes de regadío y de puertos en los años veinte y treinta, bien por endeudamiento con el exterior, bien por financiación "autónoma" interna. Sin embargo, cuando el Estado intentó proteger los intereses industriales con el control financiero y la represión, los efectos fueron negativos para la estructura financiera nacional.

Los acreedores e inversores extranjeros se esforzaron por controlar los sectores estratégicos, incluido el campo financiero nacional. En un principio lograron controlar el ferrocarril, la minería, el petróleo, el comercio agrícola e incluso algunas empresas financieras que desplazaron a los inversores peruanos. Pero los sectores agrario y financiero resultaron ser un hueso duro de roer por la importante representatividad que en ellos tenían los nativos. En esta búsqueda de una mínima y relativa autonomía fue donde la élite financiera peruana logró competir y sobrevivir.

Gráfico 2
ADJUDICACIÓN DEL CRÉDITO POR SECTORES
(% DE PRÉSTAMOS COMERCIALES, 1899-1965)

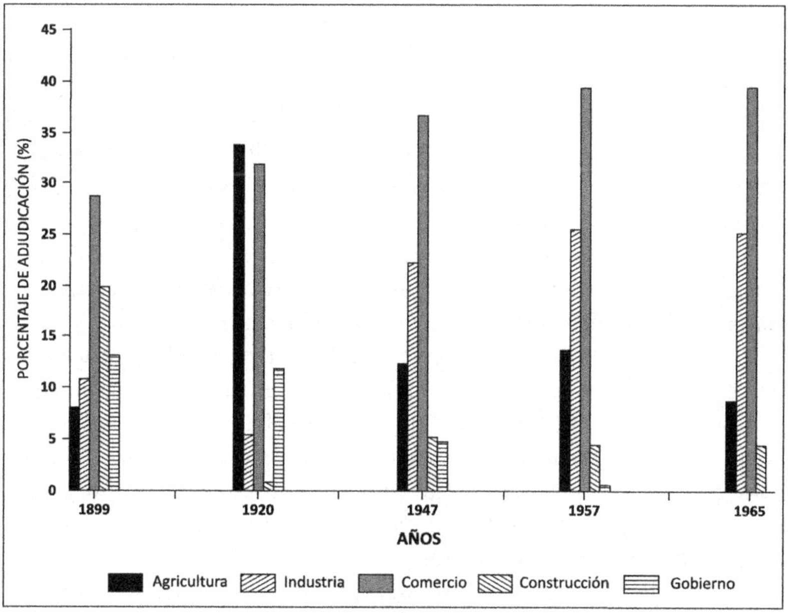

Nota: Los porcentajes para los años 1899 y 1920 son estimaciones basadas en préstamos y descuentos de una sola institución bancaria (aunque fuera la principal en aquel momento) en los periodos de 1899-1906 y 1920-1925. A partir de 1947, existen datos oficiales de conjunto sobre la adjudicación sectorial del crédito.
Fuentes: Banco del Perú y Londres, "Actas y reuniones del Directorio", 1897-1930, 17 vols., y "Actas de reuniones del Comité de Directorio", 1914-1930, 12 vols., BPLS; Superintendencia de Bancos, *Memoria* (1947-1969); Anuario estadístico, 1954-1966.

De cierta manera importante, los agroexportadores demostraron ser más "autónomos" que los dependientes industrialistas. La élite agraria de exportación era el sector clave del capitalismo peruano y su ramificación financiera y política. Ella suministró un núcleo central costero, un polo de desarrollo y acumulación necesaria en todo proceso capitalista. Históricamente esto se consiguió en el periodo de 1890-1914 con una política financiera en sus inicios conservadora basada en el patrón oro, comercial a corto plazo y en su mayor parte privada. El capital extranjero, básicamente inglés y francés, participó en este proceso (por la debilidad económica peruana después de la guerra con Chile), lo que planteó serias amenazas —que con el tiempo no se materializaron— al carácter nativo de la estructura financiera peruana y de la propiedad agraria.

Las condiciones extremadamente favorables de la exportación durante la Primera Guerra Mundial para la élite agraria (no para las clases populares) consolidaron una temporal e importante autonomía financiera del sector exportador agrario y su financiación. Los terratenientes pudieron no solo devolver anteriores deudas particulares a los acreedores extranjeros, sino participar activamente en el control y transformación de la estructura financiera peruana.

Después de la crisis de 1929-1932, el reestructurado y concentrado sector bancario comercial volvió a caer en una política bancaria conservadora, de alta liquidez, que encabezaban los bancos Italiano y de Crédito. Los servicios bancarios privados viraron a los intereses comerciales urbanos y el crédito industrial, más seguros, y hacia las beneficiosas operaciones de cambio, con preferencia a la financiación del sector agrario de exportación.

Los intereses agrarios presionaron sobre el Estado solicitando apoyo financiero en la década de 1930. Se puso en marcha un banco agrícola financiado por el Estado, que resultó beneficioso sobre todo a los plantadores de algodón. Desde 1933 se logró una recuperación general por una mejoría en los precios internacionales del algodón, el impago de la deuda exterior y una política financiera y monetaria estatal autónoma, expansionista y no basada en el patrón oro. Todas estas medidas fueron favorables a los intereses exportadores. Por tanto, la élite costera agraria, disminuida en su posición económica, mantuvo su influencia sobre los principios básicos de las finanzas nacionales.

Pero si hay pruebas del papel que desempeñó el sistema financiero en una relativa y limitada diversificación productiva y autónoma, ¿contribuyó la estructura financiera peruana a una distribución social y regional más humanitaria de los fondos? La terminación bajo la presidencia de Benavides de las obras públicas básicas, proyectadas diez años antes por Leguía, aceleró por fin el impacto de la dinámica capitalista en las regiones del interior. Pero el retraso de este impacto tal vez fuera crucial para un equilibrado desarrollo nacional.

Los recursos financieros siguieron concentrándose en Lima y en la región costera, como muestra el cuadro 3. Después de 1935 los créditos y depósitos de los bancos comerciales de provincias, aparte de la capital del país, no sobrepasaron el 28% del total. Asimismo, la costa recibió más del 90% de los créditos comerciales desde 1945. Los créditos hipotecarios en provincias muestran un asombroso descenso desde el 23% en 1894 hasta el 2% en 1965. Hasta los bancos de desarrollo contribuyeron a la concentración financiera en la costa y en Lima. En 1945 el Banco Agrícola asignó a la costa el 68% de sus créditos y el Banco Industrial, el 87%. Este último también concedió únicamente el 27% de sus créditos a otras provincias que no fueran Lima.

Las regiones se vieron adversamente afectadas por la paralización de las obras públicas en 1929 y por la lenta transición de los grupos provinciales de élite a campos que rebasaban los intereses comerciales y terratenientes. En las provincias, los bancos se dedicaban sobre todo a realizar servicios comerciales y a operaciones de transferencia de fondos hasta la aparición de los bancos regionales en la década de 1960. Las regiones no pudieron imponerse al centralismo limeño, en parte por las limitaciones de los mercados y la producción provincial, mediatizados por los intereses tradicionales de terratenientes y campesinos.[74]

Los bancos se desinteresaron del pequeño ahorro, que quedó a merced de los mercados extraoficiales hasta la década de 1920. La depresión de los treinta y la inflación de los cuarenta desmoralizaron a los pequeños ahorradores, que se vieron afectados por unas políticas

---

74. Bertram 1977.

monetarias oficiales adversas. Del mismo modo, el crédito oficial a los pequeños productores fue prácticamente inexistente hasta hace pocos años, como demuestra el fallo del Banco Agrario en la concesión de crédito a los pequeños propietarios de tierras. En general, los sectores populares no se beneficiaron directamente de la evolución financiera pública y privada. La economía de exportación peruana se modernizó en parte entre 1884 y 1950 gracias a su estructura financiera nacional, pero el país fue incapaz de alcanzar el objetivo, más alto, de un desarrollo equilibrado.

Las finanzas nacionales y extranjeras en una pequeña economía abierta: Perú 1920-1960[1]

El rol de los flujos financieros extranjeros en las economías en desarrollo es continuamente fruto de debate. Unos expertos consideran que las inversiones extranjeras directas y de cartera son un factor que contribuye al desarrollo.[2] En contraste, académicos críticos han considerado los préstamos extranjeros y a las corporaciones multinacionales como elementos de distorsión, en lo que han llamado mercados de capitales "dependientes".[3] Las posiciones divergentes en este debate, sin embargo, descansan generalmente en una consideración escasa o incompleta de la evidencia histórica concreta. Este ensayo contribuye a remediar esto examinando el periodo 1920-1960 de la historia financiera del Perú.

Así, algunos argumentan que los grupos de poder extranjeros controlaron los sectores económicos más importantes, al igual que el sistema financiero, hasta que el golpe militar de 1968 supuestamente

---

1. Publicado originalmente en: *Tenth Anniversary Publication 1982-1992*. Robert S. McNamara Fellowships Program, 175-203. Washington D. C.: Economic Development Institute of the World Bank, 1991. Traducción de Stephan Gruber Narváez.
2. Vernon 1971, Sigmund 1980.
3. Barnet y Müller 1974, Evans 1979, Marichal 1989.

introdujo reformas nacionalistas.[4] De acuerdo con estos críticos de la presencia extranjera en el Perú, la experiencia muestra las adversas consecuencias de la penetración foránea. A pesar de su cuestionamiento a lo que, hasta hace poco, eran supuestos indisputados respecto de los beneficios de la inversión extranjera, la mirada de estos críticos está aún limitada por no tomar en cuenta datos históricos concretos de grupos de poder nacionales compitiendo y colaborando con las preocupaciones extranjeras, y también por asumir una actitud favorable a las políticas de intervencionismo estatal.[5]

En el presente estudio, busco proveer y evaluar evidencias históricas comúnmente soslayadas respecto de los efectos de los flujos financieros extranjeros en el sector financiero local en el Perú. Mi evaluación se centrará en los efectos resultantes de la relación entre finanzas extranjeras y nacionales en la promoción o perjuicio del desarrollo económico. Mi enfoque considera principalmente la naturaleza interactiva de los factores foráneos y locales en la evolución de la intermediación financiera en el Perú, en vez de asumir una condena a priori de los factores financieros independientes. Tenemos que ponderar los costos y beneficios de las finanzas extranjeras en el Perú en vez de esperar solamente efectos dañinos.[6]

Considero que las finanzas extranjeras estuvieron, en balance, limitadas en sus efectos en el desarrollo local debido a (1) el efecto de *crowding-out** de los recursos financieros nacionales como resultado del apoyo financiero extranjero a los oligopolios y monopolios, (2) el

---

4. Deal 1976, Malpica 1977, Albavera 1981, Ferner 1982.

5. Pinelo 1973, Bertram 1974, Goodsell 1974.

6. En un sentido metodológico estoy básicamente de acuerdo con Ady (1971): ni los efectos de las IPE (inversiones privadas en el extranjero) sobre la balanza de pagos ni los efectos sobre los recursos locales es un juego de suma cero jugado entre el capital exportado y los países receptores: por ejemplo, esto no representa el caso en el que las ganancias de un lado significan unas pérdidas paralelas del otro.

* *Crowding-out* es un concepto económico que se refiere al desplazamiento de la inversión privada en un sector de la economía por la expansión de la inversión pública. Aunque se puede traducir como efecto desplazamiento o expulsión, en la literatura económica se suele usar también el término original en inglés, que tiene mucho recorrido y es de uso corriente en las discusiones económicas. (N. del T.)

reforzamiento de la dominación financiera del Estado sobre el sector privado local a través de los préstamos públicos foráneos y (3) por el impacto crítico de la rápida entrada y salida de capitales extranjeros, guiados por las condiciones financieras externas antes que por las necesidades financieras locales. En el lado positivo del balance incluyo las contribuciones de los flujos financieros extranjeros a la expansión del sector exportador, la modernización urbana y el proceso inicial de industrialización. Sostengo, sin embargo, que los aspectos relativamente positivos no pesaron más que sus efectos negativos para el desarrollo peruano durante el periodo en cuestión.

En primer lugar, establezco el contexto pre-1920 de la interacción entre las finanzas extranjeras y nacionales. En lo sucesivo discuto una intervención inicial del Estado en temas financieros nacionales, que fue animada por las expectativas de aumentar los préstamos públicos externos en la década de 1920. Luego, analizo la participación extranjera en materia financiera y política nacional durante el periodo de contracción de los préstamos públicos extranjeros en los años treinta. Evalúo así los efectos de *crowding-out* sobre los recursos financieros nacionales durante las sucesivas fases de préstamos extranjeros y ciclos de inversión. Finalmente, discuto las consecuencias de la recuperación del crédito financiero después de 1950.

Flujos financieros extranjeros antes de 1920

La historia de los flujos financieros extranjeros al Perú, en el siglo XX, tiene unos inicios modestos debido a que el país perdió el acceso al crédito internacional tras la Guerra del Pacífico (1879-1883). La deuda externa pública del siglo XIX había estado en *default* desde 1876. En 1890 la deuda a los acreedores británicos fue dramáticamente cancelada con la cesión de activos nacionales como una forma de pago de un pendiente de aproximadamente 50 millones de libras.[7] No obstante, no hubo más créditos extranjeros al Estado hasta 1905, e incluso tras esa fecha los proyectos estatales financiados con dinero extranjero mantuvieron un bajo perfil hasta la expansión crediticia en los años veinte.

7. Miller 1976.

El crédito al sector privado local y a compañías semiprivadas de servicios públicos se incrementó antes y a mayor velocidad que el crédito público entre 1895 y 1913. Algo clave, para la preferencia privada de la cartera de inversiones del crédito extranjero, fue la intermediación de bancos locales que colaboraron con las instituciones financieras internacionales para formar agrupaciones que hagan flotar los préstamos, dentro y fuera del Perú. De la misma manera, la financiación oligopólica de algunas importantes empresas nacionales tuvo o participación de capital foráneo o administración foránea, o ambas.

En el ámbito internacional, los años entre 1870 y 1913 fueron un periodo de expansión de la exportación de capitales.[8] A diferencia de Argentina y Brasil, donde los préstamos públicos y municipales continuaron expandiéndose durante todo el periodo, en el Perú, la expansión de crédito extranjero tras 1890 tomó la forma de inversiones directas y de portafolio en el sector privado, vinculada a las exportaciones y a los servicios urbanos. En contraste con el supuesto de que la deuda externa pública puede usarse como un *proxy* para medir los ciclos financieros extranjeros, el caso peruano da cuenta de un patrón de una alternancia entre periodos de expansión del crédito público y periodos de incrementos en la inversión directa y de portafolio en el sector privado, no siempre en relación estrecha con tendencias generales internacionales. En este sentido, la útil generalización de Ady, que describe la inversión extranjera en Latinoamérica como una inversión principalmente de portafolio hasta 1930 (cambiando a inversión directa de ahí en adelante),[9] debe ser sutilmente modificada para el caso peruano.

Los mayores prestamistas extranjeros durante el periodo anterior a 1920 fueron los británicos, franceses y alemanes, en este orden de importancia. La estrategia predominante de los prestamistas extranjeros fue la británica. Los acreedores franceses y alemanes diferían significativamente con sus pares británicos respecto de su acercamiento a los préstamos peruanos. Los banqueros mercantiles, inversores y sus principales representantes británicos enfatizaron en asegurar los

8. Edelstein 1982.

9. Ady 1971.

limitados préstamos al Estado —como había sido la práctica corriente durante el siglo XIX— teniendo como garantía particulares ingresos estatales. Asimismo, las muy seguras condiciones que los prestamistas británicos impusieron al sector privado peruano consistieron en consignaciones o variedades de cobertura de créditos, participación de capital, dirección administrativa y garantías de oligopolio. Los británicos también favorecieron la participación en instituciones banqueras locales (en vez de abrir sus propias sucursales) cuando la influencia en la administración estaba permitida, y las prácticas oligopólicas en los negocios aseguraron beneficios privilegiados.

Los grupos de poder financieros franceses fueron presionados por su Estado y sus oficiales diplomáticos a abrir instituciones financieras enteramente francesas en el Perú, pero fueron finalmente poco exitosos en ese respecto. La *haute banque* francesa tuvo que conformarse con el liderazgo británico en proyectos conjuntos con grupos locales. Los reclamos franceses sobre la deuda peruana del siglo XIX no fueron resueltos hasta la década de 1920. Préstamos para el Estado peruano eran, por lo tanto, impensables en la bolsa parisina. El efecto *crowding-out* del monopolio sobre los recursos financieros nacionales se ejemplifica, en su peor faceta, por la empresa francesa Credit Foncier Peruvien, que buscó desplazar a los inversores locales del mercado de crédito hipotecario.

Los prestamistas alemanes hicieron su exitosa y competitiva aparición en Lima otorgando el primer gran préstamo al Gobierno peruano para materias de defensa en 1905. Asimismo, la rama limeña del Deutsche Ueberseeische Bank, establecida en 1903, fue la única institución bancaria totalmente extranjera hasta 1916. Este banco alemán introdujo modernos métodos de práctica bancaria, como cajas fuertes individuales ofrecidas a clientes, y proveyeron créditos de consignación institucionales a agroexportadores. Grupos de poder locales asociados a los prestamistas británicos lucharon para impedir la penetración y posible dominio de los grupos financieros germanos.[10] Los

---

10. Para comentarios relevantes véase Dirección General del Banco Alemán Transatlántico/Deutsche Ueberseeische Bank 1911. También Fredric Clement-Simon a Ministre des Affaires Etrangéres, Lima, 18 de enero de 1909.

grupos de poder bancarios alemanes fueron puestos en la lista negra y luego liquidados durante la Primera Guerra Mundial.

Una cuarta forma reconocible de entrada de flujos financieros, después de aproximadamente 1900, fue la colocación de activos financieros por parte de firmas estadounidenses en bancos locales y entre propietarios nacionales. Entre estas firmas la más importante fue la Cerro de Pasco Cooper Corporation (de los Guggenheim), International Petroleum Co. (de los Rockefeller), W. R. Grace & Co. y la Vanadium Company. Ejecutivos de estas empresas extranjeras tuvieron representación en los consejos directivos de las instituciones financieras locales, asociaciones comerciales y en la bolsa de valores. Impactantes tratos comerciales y la alianza entre grupos de poder con personalidades financieras locales fueron medios usados para hacerse con propiedades nativas y derechos legales sobre ricos pero subcapitalizados asentamientos mineros andinos. La entrada de capitales financieros desde los Estados Unidos ayudó a desplazar los derechos mineros nativos de la producción minera de cobre y otros oligopolios.[11]

Una forma crucial de interacción entre las finanzas extranjeras y el capital local privado fue la dependencia de los agroexportadores nacionales del crédito comercial foráneo hasta la Primera Guerra Mundial. El crédito para financiar el comercio y la producción de las exportaciones agrícolas fue provisto, en su mayoría, por casas mercantiles extranjeras con sucursales en el Perú, pero también por bancas mercantiles en Londres y Liverpool. Esta relación constituyó una estratégica fuente de conflictos, así como de colaboración. El sector agroexportador fue un área sensible donde el capital local aún mantenía una cantidad substancial de derechos de propiedad. Esta dependencia crediticia empezó a cambiar con el *boom* exportador de la Primera Guerra Mundial y con la expansión del crédito extranjero en la década de 1920.

La expansión del crédito durante el gobierno de Leguía

Un cambio dramático en las condiciones crediticias del Perú tuvo lugar entre 1915 y 1920. Tras experimentar en un primer momento

---

11. Low 1976.

interrupciones en el comercio y las relaciones financieras debido al inicio de la Primera Guerra Mundial, un significativo incremento en el precio del algodón y el azúcar resultó en un beneficio inesperado para los agricultores nacionales.[12] Muchos de los agroexportadores fueron capaces de saldar sus deudas con los mercaderes extranjeros, adquiriendo o deshipotecando propiedades agrícolas, e incluso sobrándoles suficientes activos financieros para comprar acciones en bancos y otras instituciones financieras.

Coincidentemente, los capitales británicos y franceses iniciaron un éxodo debido a la escasez de capital en una Europa desgarrada por la guerra y por los temores de una recesión internacional de posguerra. Además de las élites nacionales, sin embargo, dos otros agentes también disputaron por ser quien iba a llenar en primer lugar el vacío financiero que habían dejado los capitales europeos en retirada. Estos eran los inversores estadounidenses y el Estado peruano gobernado por el presidente reformista Augusto B. Leguía.

La sucursal peruana del Mercantile Bank of the Americas (organizado en Nueva York por el Guaranty Trust Co.) abrió sus puertas en Lima en 1916 para competir en la financiación de las cosechas para exportación y para promover el comercio con los Estados Unidos. El Mercantile Bank compitió con los bancos locales por el control sobre el mercado local de letras de cambio durante la Primera Guerra. Confrontado con el elevado precio de la moneda peruana durante la Primera Guerra, el Mercantile Bank —en representación de los intereses de EE. UU. en el extranjero— presionó por la devaluación del tipo de cambio de la libra con respecto al dólar.

---

12. Una encuesta económica británica de 1921 mencionó: "Hasta el primer año inclusive de la Guerra [la Primera Guerra Mundial], el Perú era comparativamente un país pobre, pero unas mejoradas comunicaciones, consecuencia de la apertura del Canal de Panamá, y el aumento en la demanda en ese momento de sus principales productos —cobre, azúcar y algodón— inauguraron una era de prosperidad desconocida desde antes de la guerra con Chile". F. W. Manners (secretario comercial de la legación de Su Majestad, Lima), Report on the Finance, Industry and Trade of Peru to October 31, 1921 (Londres: MHSO, 1922), p. 5, reproducido por el Reino Unido, la Cámara de Comercio, Economic Surveys of 1920-1961, Microficha (Cambridge: Chadwyck-Healy, 1977).

Los directores de una entidad local, el Banco del Perú y Londres, se quejaron de la agresiva política del Mercantile Bank, que buscaba incrementar el valor local del dólar para así hacerse con más divisas extranjeras. Los Estados Unidos, siendo el principal comprador de los productos latinoamericanos durante la guerra, sufrían de los altos tipos de cambio de algunas monedas latinoamericanas. En el otoño de 1917, el Departamento de Estado y el directorio de la Reserva Federal empezaron negociaciones para una "estabilización" de divisas con los gobiernos de Argentina, Uruguay, Chile, Bolivia y Perú. En marzo de 1918, el Departamento de Estado desaconsejó al administrador del Mercantile Bank en Lima de intentar cualquier acción en relación con el tipo de cambio peruano que pueda interferir en las negociaciones entre el directorio de la Reserva Federal y el Gobierno peruano. Esto fue parte de la creciente presión aplicada para una expansión de la oferta monetaria en billete que los bancos locales eran reacios en facilitar.[13]

A pesar del rápido éxito inicial del Mercantile Bank, el oriundo Banco del Perú y Londres fue capaz de desbancar al banco estadounidense de las finanzas agrícolas incrementando su especialización en el crédito agrícola, especialmente a productores de azúcar, quienes eran vulnerables debido a las fluctuaciones de los precios del azúcar en la década de 1920.

Los grupos de poder financieros de Estados Unidos fueron capaces, no obstante, de desplazar la influencia financiera europea en el Perú de la financiación de préstamos al Estado peruano para finales de la década de 1920. Sin embargo, los préstamos de EE. UU. al Estado peruano no tuvieron un comienzo fácil. Inicialmente, los banqueros y grupos financieros estadounidenses se contactaron y recibieron consejo del Departamento de Estado de EE. UU., el cual demandaba de

---

13. Banco del Perú y Londres, "Reunión de consejo directivo", vol. 3, n.º 751, enero 1918, p. 293, Banco de Perú y Londres en Liquidación, Superintendencia de Banca y Seguros, Lima (de aquí en adelante citada como BPLS); Secretario de Estado a Fred I. Kent (Directorio de la Reserva Federal), 28 de marzo de 1918, y M. G. McAdoo al secretario de Estado, 25 de septiembre de 1918, Departamento del Tesoro, caja 162, documento n.º 1, Archivo Nacional de los Estados Unidos, Washington, D. C. (de aquí en adelante ANEEUU).

los Estados latinoamericanos en busca de préstamos ciertas reformas financieras antes de permitir los créditos.[14] Estas reformas incluían el establecimiento de Bancos Centrales modelados a imagen de la Reserva Federal de EE. UU., reorganización fiscal, presupuestos balanceados y la implementación de políticas monetarias coherentes. Ellos también demandaron la presencia de asesores estadounidenses en ciertos puestos claves en instituciones como las aduanas y los bancos centrales.[15]

Entre 1819 y la primera mitad de 1920 la situación financiera del Estado peruano era satisfactoria, esto gracias al incremento de los ingresos por derechos de exportación relacionados con los altos precios por el *boom* exportador generado por la Primera Guerra Mundial. En 1920 la deuda externa pública ascendía a 2.895.000 Lp (13,3 millones de dólares), incluyendo un préstamo por 980.587 Lp garantizado sobre los ingresos de la sal y uno de 600.000 prestados al Municipio de Lima. Para junio de 1920, sin embargo, signos de una recesión internacional rebajaron abruptamente los precios de productos peruanos de exportación.[16] Como resultado, los importadores extranjeros tuvieron que permitir considerables extensiones y reducciones de entre 20% y 50% de los créditos anteriormente concedidos a agricultores nacionales.[17]

Augusto B. Leguía gobernaba en ese momento gracias a un golpe de Estado que tuvo lugar para expulsar a la oposición en su toma de posesión. Aparentemente aquella jugada contundente fue financiada por la Royal Dutch Shell a cambio de la promesa de una concesión petrolera.[18] Leguía comenzó a encontrarse en serios aprietos financieros para junio de 1920. Más aún, los derechos de importación y exportación

---

14. Mackaman 1977.

15. Mackaman 1977, Drake 1989.

16. F.W. Manners, "Peru, Economic Report: January 1920-February 1921". Lima, 26 de febrero de 1921, *F. O.* 371, 5610, A2123, 2123, Public Record Office, Londres (de aquí en adelante PRO); Manners, Report on the Finance of Peru (1922), op. cit. 5-6.

17. Manners 1922, Hill 1923.

18. De acuerdo con Pinelo, *The Multinational Corporation*, XII, basada en un confidencial reporte adjunto del comisionado de comercio de los EE. UU. en Lima, Carlton Jackson, a la Oficina de Comercio Externo e Interno, 5 de agosto de 1920, Departamento de Estado de EE. UU., 823.6363/32.

cayeron de 2,2 y 1,4 millones de Lp respectivamente, en junio de 1921, a 1,1 y 0,4 millones de Lp para junio de 1922.[19] Leguía, de esta manera, se encontró en la difícil posición de no poder pagar los sueldos de las Fuerzas Armadas y la burocracia estatal. Se le hizo desesperadamente necesario un crédito extranjero para impedir su derrocamiento debido a la erosión financiera.[20]

Como consecuencia, Leguía tomó las demandas de reformas de los EE. UU. con mayor seriedad. Por ejemplo, la introducción de un impuesto a la renta fue discutida, pero no se materializó. En 1922, él nombró a William W. Cumberland, un economista del Departamento de Estado que se había graduado en Princeton (donde había estudiado bajo la supervisión del Dr. Kemmerrer, el "money doctor"), como asesor financiero del Gobierno peruano. Luego Cumberland fue nombrado presidente del recién creado Banco de Reserva, enfrentándose en el momento a la oposición de los bancos nacionales.[21] A pesar de estas medidas, el crédito estadounidense no fue contraído hasta 1921 debido a los severos términos ofrecidos por los banqueros de EE. UU. (Guaranty Trust y National City Bank) y las complicaciones que rodearon la transferencia financiera de los fondos de oro de la Junta de Vigilancia peruana de Nueva York a Londres.[22]

---

19. Hill 1923.

20. "El descontento causado por el fracaso del Gobierno en pagar el servicio civil y a las fuerzas armadas durante varios meses es generalizado, estando los últimos especialmente listos para dar oídos a las persuasiones de los enemigos del presidente Leguía, dado que muchos oficiales con sus familias están prácticamente muriendo de hambre". Grant Duff a la Foreign Office, Lima, 4 de enero de 1923, F. O. 371, 8478, Doc. A558/ documento 558/35, PRO.

21. "The Reminiscences of William Wilson Cumberland", entrevistas por Wendell H. Link, abril-mayo de 1951, copia mecanografiada, 124-153, Oral History Research Office, Columbia University, Nueva York.

22. "Peruvian Account in the Bank of England", F. O. 371, 5610, documento 2408, PRO; Manners, Report on the Finance of Peru (1922), op. cit., 8; Reportes confidenciales del embajador estadounidense a Lima, William Gonzales, 7 de abril de 1921 y 22 de mayo de 1921, Departamento de Estado de EE. UU., 823.51, M746, rollo #1, ANEEUU.

En cambio, Leguía fue capaz de capear momentáneamente el temporal debido a los beneficios que trajo el cambio y transferencia de los fondos de la Junta de Vigilancia desde Nueva York a Londres. Más aún, el primer préstamo estadounidense fue finalmente contraído en julio de 1922 con la Guaranty Trust Co. actuando como comisionada del préstamo, y fue emitido en Nueva York por Blith, Witter & Co. y por White, Weld & Co. en la cantidad de 2,5 millones de dólares a una tasa de interés de 8%. La garantía ofrecida fue el ingreso futuro por los impuestos de exportación e importación en productos petroleros.[23] Adicionalmente, se planteó un préstamo en Londres para diciembre de 1922 por Baring Brothers y J. Henry Schroeder & Co. (representada en Lima por el Anglo South American Bank) por 1,25 millones de libras esterlinas para pagar atrasos de salarios y pensiones del Gobierno. La garantía ofrecida fueron los ingresos por las ventas internas de guano administradas por una reorganizada Compañía Administradora del Guano, bajo control británico en esa época.[24] En octubre de 1924, otro préstamo para la consolidación de deudas previas fue emitido en Londres por el Westminster Bank y Schroeder & Co. por la cantidad de 10 millones de libras esterlinas.[25] Aparentemente, Leguía puso a los grupos financieros de EE. UU. y Gran Bretaña el uno contra el otro, y siguió la misma estrategia con los grupos petroleros de ambos países.[26]

Préstamos posteriores de EE. UU. incluyeron: un crédito para obras sanitarias, firmado en octubre de 1924, por 7 millones de dólares para contratar una empresa estadounidense llamada Foundation Company, formada por el grupo compuesto por Morgan & Co., Chase Manhattan Bank y Third National Bank; un préstamo petrolero en 1925 por 7,5 millones de dólares; un segundo préstamo sanitario en 1926; un préstamo por 30 millones de dólares (bonos de oro) en

---

23. Suárez y Tovar 1967.

24. Grant Duff al F. O., Lima 4 de enero de 1923, F. I. 371, 8478. A617 /558/36, PRO; Suárez y Tovar 1967, apéndice x.

25. Nuevo préstamo para el Gobierno peruano, Londres 22 de octubre de 1923, F. O. 371, 8478, A5807 /558/35, PRO.

26. Pinelo 1973.

agosto de 1926, el que tuvo como garantía diversas rentas fiscales. En cada uno de los mencionados préstamos la Guaranty Trust Co. actuó como comisionada, y Blyth, Witter & Co. y White, Weld & Co. negociaron los préstamos en Nueva York. Adicionalmente, un préstamo para la compra de submarinos para la marina peruana fue contraído con la U. S. Electric Boat Co. en 1926 y un préstamo de tabaco en 1927 por 15 millones de dólares fue acordado con el grupo estadounidense compuesto por J & W. Seligman & Co., el National City Bank, W. H. Rollins & Co. y otros. Seligman también participó en un préstamo de 1927 para el puerto del Callao.

Para ese momento, Leguía, a través de su acercamiento diplomático, se había vuelto próximo a los Estados Unidos, teniendo como evidencia de esto que el presidente estadounidense consintiera en arbitrar una disputa territorial sostenida entre Chile y Perú.[27] Las dificultades financieras continuaron para Leguía, sin embargo, debido a un patrón de temeridades en el manejo de la deuda, un diplomático británico observó que:

> Así como sucedió con otros países, la última opción que el gobierno peruano quiere tomar es la de reducir gastos; por el contrario, este continúa en aprobar medidas que involucran mayores gastos, ya sea que los fondos necesarios estén disponibles o no, de manera que con insuficientes ingresos esto se resuelve en una lucha por quien se hace con las pequeñas sumas que gotean en el Tesoro. A pesar de estos despreocupados métodos, parece que tarde o temprano las deudas serán liquidadas, y cuando el cambio de marea en el comercio produce una temporal prosperidad permitiendo a la república asegurarse el crédito en el exterior, esta continúa su marcha adelante y marca una nueva etapa en su desarrollo.[28]

Los peligros de las prácticas financieras del Perú se vieron seriamente incrementados como el resultado de una importante penetración de las políticas de EE. UU. en la deuda pública peruana en 1927.

---

27. J. P. Trant al Foreing Office, Lima, 26 de agosto de 1923, F. O. 371, 8478, A5807/558/35, PRO.
28. Herbert Harvey, "Peru: Annual Report, 1924", Lima, julio de 1925, F. O. 371, 10632, A2304/2304/35, PRO.

Para esa fecha un préstamo de 100 millones de dólares, a un valor descontado del 86% y un interés de 6%, fue otorgado por un grupo de banqueros neoyorkinos encabezados por J & W Seligman y el National City Bank sin el apoyo en garantías en ingresos específicos (como había sido la práctica con préstamos británicos o estadounidenses en el pasado), sino en el crédito general de la nación. El préstamo, el primero de una serie del empréstito nacional peruano, iba a ser usado para la conversión (refinanciamiento) de todas las deudas extranjeras anteriores y pendientes (con excepción del préstamo guanero de 1922), la estabilización del tipo de cambio, el establecimiento de un banco agrícola y obras públicas.[29] Como en el caso del préstamo del tabaco en 1927, la Caja de Depósitos y Consignaciones estuvo a cargo de proveer los pagos del préstamo del empréstito. Una segunda serie de créditos fue emitida en 1928 por la suma de 25 millones de dólares y 2 millones de libras esterlinas. Un préstamo de la Municipalidad de Lima también fue contraído en 1928 por 3 millones de dólares con las firmas estadounidenses E. H. Rollins & Sons y el Grace National Bank.

Leguía usó el incremento en la oferta de crédito extranjero para obras esencialmente de infraestructura que, paralelamente, abrieron grandes oportunidades para el aumento de corruptelas, un serio aunque "invisible" problema en los temas de endeudamiento latinoamericano. Observadores extranjeros dudaron tanto de la integridad moral de los funcionarios de Leguía y de los miembros de su familia, como de la solidez del buen juicio financiero del propio presidente.[30]

---

29. Lord H. Harvey a la Foreign Office, Lima, 21 de diciembre de 1927, F. O. 371, 12787, A470 /127 /35, PRO; Mackaman, "United States Loan Policy". 520-521.

30. "Toda la familia presidencial y el gabinete están llenándose los bolsillos a las expensas del país [...] no hay un solo hombre honesto entre ellos". Bentick a la Foreign Office, Lima, 30 de abril de 1929, F. I. 371, 13507, A3600 /2406/36, PRO. Sobre el hijo favorito de Leguía, Juan, se reportó que era "conocido por ser violento, borracho, conflictivo, etc. [...] [obtuvo] comisiones por los préstamos recientes [...] [y] mantiene muchos contratos y concesiones del gobierno". Darrell Wilson, "Leading Personalities in Peru". Lima, 24 de febrero de 1937, F. O. 371, 17555, A2627/2627/35, PRO. "La corrupción era incontrolable". Cumberland, "Reminiscences" p. 125; "[Leguía] fue uno de los mayores simplones en finanzas que he conocido en mi vida". Ibíd., p. 129.

Los resultados comerciales de los negocios privados de Leguía en la financiación y comercio del algodón atestiguan las fallidas estimaciones que hizo con respecto a los precios del algodón y el azúcar a principios de la década de 1920.[31] Es más, es dudoso que su programa de obras públicas tuviese altos niveles de eficiencia por la manera apresurada en que fueron hechos varios proyectos. No obstante, el gran incremento en los caminos para vehículos automotores, un mejorado sistema de saneamiento, urbanización y trabajos de regadío durante su presidencia significaron un uso parcial desarrollista del crédito público extranjero en el Perú.[32]

El efecto más negativo del crédito extranjero en nuestro país, en la década de 1920 fue, sin embargo, aquel que resultó de la expansión de préstamos externos que reforzaron el intervencionismo estatal. Así, el camino para políticas monetarias y financieras poco sensatas estaba pavimentado. Monopolios de ridículas proporciones fueron establecidos. Un monopolio de fósforos en febrero de 1926 proveyó al Gobierno 200.000 libras esterlinas anuales a cambio de una concesión por veinte años a la Compañía Sueca de Fósforos (Svenska Tandiske Aktiebolaget, Estocolmo) para importar fósforos desde Europa. El monopolio implicó la clausura de dos fábricas de fósforos.[33] El uso de encendedores automáticos por individuos era permitido solo con licencias especiales y la importación de carros que tuvieran encendedores integrados fue prohibida.[34]

Los monopolios industriales otorgados por el Estado a empresas foráneas y locales se multiplicaron hacia finales de la década de 1920.

---

31. "Este es un muy mal caso. El presidente Leguía jugó con los precios futuros del algodón con el dinero de las empresas". Los comentarios de los diplomáticos británicos en "Claim of Messrs. Kearsley & Cunningham against Mr. A. B. Leguía". 8 de agosto de 1928, F. O. 371, 13508, A5418/4687/35, PRO.

32. Fishlow 1985.

33. Lord Harvey, "Peru: Annual Report, 1925" F. O. 371, 11160, A2480/35, PRO. Un acuerdo entre la International Match Corporation estadounidense, con intereses en las dos fábricas de fósforos locales clausuradas, la empresa de fósforos sueca, también hizo posible el monopolio.

34. Trant 1927.

Derechos exclusivos de la manufactura de productos específicos, durante periodos de hasta diez años, redundaron en mayores aranceles e ingresos estatales y limitaron la promoción industrial. Por ejemplo, un británico, Arthur B. Wells, recibió un monopolio oficial para la producción de hilo para coser en octubre de 1926.[35] Una lista de 64 monopolios y concesiones industriales durante la administración de Leguía fueron otorgados de la siguiente manera: 2 en 1920, 6 en 1926, 22 en 1927, 14 en 1928, 8 en 1929 y 6 en 1930.[36] Como consecuencia, existe una correlación entre el aumento del número de monopolios otorgados por el Estado y el incremento en la deuda externa pública desde 1926-1927.

Los acuerdos del Estado con grupos de poder extranjeros, durante las épocas de mayor endeudamiento, también incluyeron uno en 1926 con Cerro de Pasco Corporation por el pago adelantado de 120.000 Lp por derechos de exportación de minerales y metales, y otro con un ciudadano británico, H. V. Holden, antiguo negociador (junto con la empresa Gildemeister) de un préstamo de Rotschild al Gobierno que nunca se materializó, por el monopolio de la venta de gasolina en el Perú.[37]

En la década de 1920, a pesar de la relativamente estable política monetaria impuesta por los acreedores estadounidenses, la excesiva especialización del sistema bancario local en un crédito agrícola de corto plazo resultó siendo desastrosa. El Banco de Reserva tenía una política de descontar nuevamente los instrumentos financieros de bancos fuertemente involucrados en créditos comerciales a plantaciones. Leguía no pudo corregir esto fácilmente debido a sus compromisos con los intereses agrícolas. Finalmente, en 1929-1930, el Banco del Perú y Londres y el gobierno de Leguía experimentaron amargos desacuerdos sobre temas de política financiera y monetaria. Los asesores financieros estadounidenses sugirieron que el Banco de Reserva

---

35. Harvey a la Foreign Office, Lima, 2 de noviembre de 1926, F. O. 371, 11160. A6417/6417/35, PRO.

36. Wilson 1934.

37. Lord Harvey, "Annual Report, 1926", F. O. 371, 12019, A2497/2497/35, PRO.

aumente las tasas de interés y restrinja el crédito para poder estabilizar la baja del tipo de cambio y controlar la inflación. El Banco de Perú y Londres se opuso a cualquier aumento en la tasa de interés o restricción del crédito, ya que estas medidas hubieran traído dificultades de liquidez a la ya complicada institución.[38] Con la esperanza de obtener protección del Gobierno frente a la bancarrota, el Banco de Perú y Londres se había convertido en un fuerte acreedor del Estado. Esto generó preocupación entre los acreedores estadounidenses, quienes estaban alarmados por el incremento de la deuda flotante interna del Gobierno peruano.

Sin embargo, de acuerdo con un reporte diplomático, para septiembre de 1928 los bancos locales han frenado su crédito al Estado por las adversas políticas financieras y condiciones existentes exigidas por el Banco de Reserva.[39] Prestamistas agrícolas que esperaron un relajamiento de las condiciones del crédito local estaban detrás de las quejas planteadas por el Banco de Perú y Londres. En noviembre de 1929 las tasas de interés saltaron de 8% a 10%. El tiempo se acababa para el Banco de Perú y Londres. La caída de Leguía en 1930 desapareció finalmente la última débil defensa que tenían contra la bancarrota. Amargado y contemplando la pérdida de apoyo interior, Leguía criticó a Seligman & Co. en diciembre de 1929 porque "los agentes fiscales [Seligman & Co.] han estado preparados para ver a todo el país irse al diablo [...] y mostraron un completo desinterés en dar ayuda".[40]

---

38. Banco del Perú y Londres, "Consejo de Directores", vol. 16, n.º 1734, febrero de 1929, p. 112; n.º 1825, 21 de noviembre de 1929, p. 70, BPLS.

39. "Gran parte de la deuda flotante tiene la forma de letras a corto plazo en manos de los bancos, compañías de construcción, etc., y [...] su substancial incremento frenado aparentemente solo por la reticencia de los bancos mismos, continúa siendo una fuente de preocupación de los agente fiscales que manejan los préstamos peruanos". J. W. Seligman & Co. y el National City Bank de Nueva York, vicecónsul de los Estados Unidos, al secretario de Estado, 8 de noviembre de 1928, Departamento del Tesoro de Estados Unidos, Caja 162, doc. n.º 2, ANEEUU.

40. Mayer al secretario de Estado, 26 de diciembre de 1929, Departamento de Estado, 823.516/23, microcopia 746, rollo n.º 22, ANEEUU.

Tras la caída de Leguía, el capital extranjero continúa ejerciendo una influencia importante. Después de 1930, las concesiones mineras y petroleras mostraron ser cruciales en la relación entre capital extranjero y el Estado. De esta manera, las políticas monetarias y financieras nacionales se vieron cada vez más afectadas por el crecimiento de la relación entre el Estado y los flujos financieros extranjeros.

Finanzas extranjeras durante la década de 1930

A pesar de la crisis financiera de 1929-1932, un *lobby* políticamente poderoso de agroexportadores, el cual se había vuelto en contra de Leguía en el año crucial de 1930, fue capaz de retener cierta influencia en el Estado en cuanto a política financiera. El programa financiero establecido por el gobierno de emergencia a inicios de la década de 1930 permitió a muchos agroexportadores sobrevivir. Se ha argumentado que el haberse librado del total colapso de la agroindustria peruana a través de una rápida adaptación al algodón, en vez de la producción azucarera con el apoyo estatal, pudo haber sido un factor de principal importancia en la recuperación económica del Perú en la década de 1930. El abandono del patrón oro, la introducción de controles al tipo de cambio y la oferta de créditos "controlados" a los productores de algodón ayudó a la tendencia en sustitución de cultivo. De manera significativa, varios ministros de Finanzas y altos funcionarios del Banco de Reserva representaron fielmente a los grupos de poder agroexportadores durante este periodo.

El segundo factor en importancia para la recuperación peruana fue la suspensión del servicio y pago de los créditos extranjeros en 1931 y el reemplazo de los mecanismos de crédito externo por los de crédito interno. Esta reestructuración del crédito público fue ayudada por los bancos nacionales y especialmente por el más importante entre estos, el Banco Italiano, que tenía depósitos en exceso para colocar en el mercado. La compra de bonos de deuda interna por los bancos locales demostró ser de ayuda al Estado para resolver sus gastos militares, de construcción de carreteras y corrientes. Los acreedores extranjeros observaban estos desarrollos internos con una sorprendente paciencia.

La estrategia que siguieron los grupos de poder financiero extranjeros en el Perú durante los años de crisis fue triple. En primer lugar, los prestamistas extranjeros fueron cautos en el delicado tema de pago de los préstamos, esperando hasta que la economía peruana se vea recuperada. En segundo lugar, hubo una consolidación y expansión tanto de monopolios y oligopolios existentes como de los nuevos introducidos. En tercer lugar, los grupos financieros extranjeros trataron de estimular la importación de maquinaria para crear una incipiente pero costosa industrialización por sustitución de importaciones.

Durante los momentos más difíciles de la depresión en el Perú, el capital extranjero optó por la estabilidad política para evitar efectos indeseables en sus empresas peruanas. Así, el pago de la deuda no fue demandado con urgencia. En cambio, los grupos de poder extranjeros se inclinaron por arreglos especiales con el Estado peruano. En 1930 una empresa multinacional petrolera canadiense, la International Petroleum Company (IPC), estaba ansiosa por asegurar un monopolio para la venta de crudo en el Perú. El desorden político, sin embargo, impidió que se cierre el acuerdo con el Gobierno. El presidente Luis Sánchez Cerro estaba necesitado con desesperación de fondos para pagar al Ejército, la Marina y la Policía. Consecuentemente, la IPC prestó al Gobierno 1,5 millones de dólares en diciembre de 1930. Entonces las concesiones de monopolio[41] le fueron pronto otorgadas.[42]

Por otro lado, la estadounidense Cerro de Pasco Corporation (CPC) encontró considerables dificultades en los negocios y con los trabajadores. La CPC se apoyó en las Fuerzas Armadas bajo las órdenes de Sánchez Cerro para reprimir lo que fue considerado en la época como una insurrección comunista en Morococha. Así, la insistencia de los grupos de poder extranjeros en la estabilidad política contribuyó a la consolidación del régimen autoritario de Sánchez Cerro y su sucesor, el general Óscar R. Benavides.

Algunos grupos oligopólicos extranjeros, como la CPC, experimentaron tiempos financieros difíciles en el Perú durante los años de

41. Pinelo 1973.

42. F. O. 371, 1482, A8407/532/35, PRO.

la depresión. La casa mercantil de Liverpool Graham Rowe invirtió considerables sumas de dinero provistas por el Martins Bank en préstamos especialmente a propiedades agrícolas. Al igual que el Banco del Perú y Londres, que se especializó en demasía en el crédito agrícola, la Graham Rowe no fue capaz de saldar su deuda con el banco acreedor y fue obligada a ser liquidada en octubre de 1931.[43] Pero en otro ejemplo, el National City Bank adelantó 600.000 dólares en mayo de 1932 y fue capaz de mantener viva la hacienda azucarera de Casa Grande, propiedad de Gildemeister, un complejo azucarero que tenía el más grande molino para triturar caña de azúcar del mundo, en el cual estuvieron involucrados intereses alemanes.[44]

Considerando las perspectivas más bien sombrías para los negocios extranjeros en el Perú, algunos sobrios observadores extranjeros argumentaron que un recomienzo del pago del principal y los intereses de los préstamos extranjeros no era posible hasta que los precios de mercado de las materias primas peruanas mejoraran y hasta que la estabilidad política permita una reducción en los gastos del gobierno.[45] De acuerdo con el cuadro 1, del total de la deuda externa de 105 millones de dólares a 6% de interés, los peruanos debían aproximadamente 18 dólares por persona en 1933 entre una población estimada de seis millones de personas. Adicionalmente, el total de la deuda interna (consolidada y flotante) ascendió a 44 millones de dólares y continuó aumentando luego.

---

43. Dalton a la Foreign Office, Lima, 16 de octubre de 1931, F. O. 371, 15112/A6182/6110/35, PRO.

44. Hobson a la Foreign Office, Lima, 9 de mayo de 1932, F. O. 371, 15852, A3713/5/35, PRO.

45. Sir R. Lindsay a la Foreign Office, Washington, 16 de diciembre de 1931, citando el *Speciall Bulletin on Securities in Default of the Institute of International Finance*, n.º 48 (1931), en F. O. 371, 15110, A5959/210/35, PRO.

Cuadro 1

La deuda pública peruana, 1876-1966*

(millones de dólares americanos)

Año	Deuda externa				Deuda interna					
					Tipo de acreedores**					
	Garantía en ingresos	Crédito general	Total	Interés %	% Gob.	% Pri.	% Int.	Deuda consolidada	Deuda flotante	Total
1876	180		180	5,5		100				
1889	250		250	6,0		100				38
1890	15		15	6,0		100				38
1920	13		13	6,0		100				26
1925	25		25	6,0		100				30
1929		88	88	6,0		100				36
1933		105	105	6,0		100		15	29	44
1937		119	119	6,0		100		18	40	58
1945-48		167	167	6,0		100		38	99	137
1950		113	113	6,5				84	11	95
1954		95	95	6,5	31	48	21	68	48	109
1960		162	162	6,5						
1966		579	579	6,5						

* Incluye los intereses atrasados.

** gob = agencias del gobierno, pri = privados, int = bancos y organizaciones internacionales

Fuentes: Corporación de Tenedores de Bonos Extranjeros, *Annual Reports* (Londres, 1873-1886); U. K. Department of Overseas Trade, *Reports* (Londres, 1922-1955); Ferrero 1946; Suárez y Tovar 1967; Bardella 1989.

Un artículo en 1934 en *The Times* de Londres planteó que los pagos del servicio de la deuda dependían de la demanda por productos peruanos en el extranjero. El artículo especulaba que, aunque el Perú había dado pasos hacia una recuperación económica para 1933 y que la confianza en el gobierno de Benavides iba en aumento, el pago de la deuda externa iba a continuar en desuso hasta que los países más desarrollados organicen sus economías para llevar la demanda de los productos peruanos de regreso a su nivel normal.[46]

46. Extractos de *The Times*, 6 de febrero de 1934 en "Peru: Foreign Debt Prospects", F. O. 371, 17552, A1250/282/35, PRO.

J. Henry Schroeder & Co., representando a los acreedores del préstamo de guano de 1922, se quejó, sin embargo, en diciembre de 1933, de que el Gobierno peruano haya usado la recaudación de las ventas del guano bajo la administración de la Compañía del Guano para comprar armas y aviones de los Estados Unidos y de Japón.[47] Acreedores británicos se mantuvieron en severa oposición a que el préstamo del guano sea tratado de la misma manera que los créditos estadounidenses al Gobierno peruano. Estos acreedores propusieron que Su Majestad condenara todo movimiento en esa dirección y rechazara todo trato comercial si no se tomaba en consideración los derechos de los tenedores de bonos británicos.[48] Asimismo, en 1935 los tenedores británicos del Préstamo Centenario de 1924 por unos 5 millones de soles protestaron en contra de esta reducción unilateral de 8% a 6% de la tasa de interés que les iban a pagar.[49]

Los acreedores estadounidenses tomaron una postura distinta a la británica. Tras una investigación en el Congreso de Estados Unidos respecto de los préstamos extranjeros durante los inicios de la década de 1930, el ánimo de los acreedores era uno de resignada paciencia. Después de visitar el Perú en enero de 1935, J. Rafael Oreamuno, un costarricense de nacimiento y representante de los tenedores estadounidenses de bonos peruanos, creyó que el tiempo para una discusión seria sobre el pago de la deuda aún no había llegado.[50] Mientras tanto, el Gobierno peruano se las había arreglado para colocar dos millones de soles para el servicio de la deuda y dos millones más para el cumplimiento de la deuda pública. Oreamuno fue de la opinión de que si se le dejaba tranquilo en los siguientes dos años, el Perú iba a estar en

---

47. Carta de J. Henry Schröder & Co., 15 de marzo de 1934, F. O. 317, 17552, A2227/169/35; Wilson a la Foreign Office, Lima 3 de marzo de 1934, A2628/169/35; A4673/169/35, PRO.

48. G. W. Dawes & Co. to Foreign Office, 7 de febrero de 1935, F. O. 371, 18721, A1214/192/35, PRO.

49. Forbes a la Foreign Office, Lima 10 de septiembre de 1935, F. O. 371, 18722, A8700/192/35, PRO.

50. Forbes a la Foreign Office, Lima, 25 de enero de 1935, F. O. 371, 18721, A1703/192/35, PRO.

una mejor situación económica para ofrecer un mejor acuerdo sobre la deuda.

En 1937 Oreamuno creyó que el tiempo ya había llegado para que el Perú pague íntegramente aquello que debía.[51] El Gobierno peruano, sin embargo, continuó colocando únicamente los cuatro millones de soles mencionados anteriormente, siguiendo el ejemplo de Chile. La cantidad resultaba insatisfactoria para los acreedores estadounidenses, pero, de acuerdo con Oreamuno, constituía al menos un reconocimiento oficial de la deuda por el presupuesto peruano de 1936. En consecuencia, el reporte de junio de 1937 a la Securities and Exchange Comission de Estados Unidos no recomendó la aplicación de sanciones al Perú para obligar el pago de la deuda.[52]

En noviembre de 1935, el presidente del Consejo Británico de Tenedores de Bonos Extranjeros propuso un acuerdo negociado de la deuda británica al ministro de Finanzas peruano en vez de aceptar las acciones unilaterales de parte del Gobierno peruano. De acuerdo con los diplomáticos británicos en el Perú, los dos obstáculos más importantes en la formación de un superávit en las finanzas fiscales del Perú que pueda ser asignado al pago de la deuda externa eran: el extenso programa de desarrollo lanzado por el gobierno de Benavides para revitalizar la economía y las demandas de los diputados del Congreso peruano para desviar fondos a sus provincias para propósitos incluso banales y decorativos. Adicionalmente, los grupos agroexportadores continuaron compitiendo con los grupos de poder extranjeros en la arena de las políticas financieras y monetarias. Así, en 1937, tanto Oreamuno como el embajador británico en Lima tuvieron dudas sobre la sinceridad del Gobierno peruano acerca de su intención de pagar.[53]

Las dificultades para retomar el pago de la deuda externa continuaron hasta 1951 con aproximadamente las mismas características que las descritas previamente. El principal cambio con respecto

---

51. F. O. 371, 20644, A1598/908/35, PRO.

52. Sir R. Lindsay a la Foreign Office, Washington, 11 de junio de 1937, F. O. 371, 20644, A4468/908/35, PRO.

53. Forbes a la Foreign Office, Lima 12 de enero de 1935, F. O. 371, 20644, A908/908/35, PRO.

al punto de vista de los grupos financieros extranjeros fue el apoyo a las importaciones extranjeras de maquinarias para las industrias nacionales protegidas. En 1938, maquinarias, herramientas y bienes de metal significaron el 40% del valor de todas las importaciones peruanas.[54] Los otros importantes artículos de importación que erosionaron la balanza comercial peruana fueron productos alimenticios como el trigo, el arroz y los productos lácteos, que sumaron aproximadamente entre 40% y 50% del consumo doméstico local desde la mitad de la década de 1920, cuando los centros urbanos se expandieron considerablemente.[55]

La legislación de protección selectiva, cuotas de importación y controles al mercado de divisas vinieron en conjunto. Estas medidas, impuestas gradualmente durante los regímenes de los presidentes Manuel Prado y Alberto Bustamante, beneficiaron los intereses de los industrialistas y sus aliados entre los importadores extranjeros.

El vínculo entre el crédito y las importaciones extranjeras se estableció desde inicios de siglo. En 1933, el embajador británico daba cuenta de que en las haciendas azucareras del agroexportador anglófilo Antero Aspíllaga la maquinaria británica que había estado siendo usada por décadas no había sido reemplazada por nuevas importaciones británicas debido a la falta de crédito comercial. En su lugar, estaban siendo introducidos nuevos aparatos alemanes que fueron conseguidos gracias al crédito provisto por los importadores alemanes.[56] De acuerdo con estadísticas oficiales, la balanza comercial peruana sufrió un considerable deterioro debido al rápido incremento de las importaciones (maquinarias, productos químicos, importaciones de alimentos) entre 1938 y 1945.[57]

Ciertamente, una institución bancaria local que se benefició de este cambio en la dirección del comercio internacional fue el

---

54. Peru: Review of Commercial Conditions (Londres, 1944), 6, en Reino Unido, Cámara de Comercio, Economic Surveys.

55. Trant 1927.

56. F. O. 371, 16597, A8605/66741/35, PRO.

57. Parró 1945, Ferrero 1946.

Banco Italiano, que dependía del apoyo del capital estadounidense, suizo e italiano. Las instituciones bancarias extranjeras preferían apoyar a la institución local líder en un sector financiero ya oligopolizado. La liquidación del Banco del Perú y Londres dejó a varios acreedores estadounidenses con considerables reclamos financieros. Entre los mayores acreedores estaban el National City Bank, W. R. Grace & Co. y M. Samuel. En contraste, el apoyo al Banco Italiano ofrecía considerables ventajas.[58]

El Banco Italiano, a diferencia del Banco del Perú y Londres, había orientado su política de créditos a la expansión urbana y los servicios de mercado de Lima que estaban necesitados de crédito en la década de 1920. Los dueños italianos de fábricas y comercios eran los principales clientes de este banco. El sector productivo que abastecía al mercado interno retomó el crecimiento durante los años de recuperación de la década de 1930. El Banco Italiano se volvió la más sólida institución en el sistema bancario peruano. Los ahorros y depósitos locales fueron captados por el Banco Italiano, que también persiguió una política conservadora de préstamos. Esta entidad financiera también actuó como el agente para la Guaranty Trust Co. de Nueva York durante los años veinte.[59]

Las simpatías fascistas de algunos de los administradores del Banco Italiano, especialmente de su cabeza, Gino Salocchi, un amigo cercano del presidente Benavides, fueron claves en proveer crédito comercial al Gobierno para comprar equipamiento militar italiano en la década de 1930.[60] A pesar de estas conexiones fascistas, el capital suizo, francés y estadounidense continuó prefiriendo al Banco Italiano antes que invertir en sucursales de bancos extranjeros que no eran capaces de competir en la estructura bancaria peruana. Adicionalmente, el Banco Italiano cambió su nombre a Banco de Crédito en 1939 para

58. Bentick a la Foreign Office, Lima 14 de mayo de 1931, F. O. 71, 15100, A3645/210/35, PRO.

59. Report on the Finance, Industry and Trade of Peru (Londres, 1922), 6, en Reino Unido, Cámara de Comercio.

60. Cicarelli 1990.

evitar la persecución política en tiempos de guerra, y es así que fue capaz de continuar siendo exitoso en el negocio.

El apoyo del Banco Italiano a los oligopolios y monopolios extranjeros fue substancial. La EE. EE. AA., una inmensa empresa eléctrica que había sido reestructurada en la década de 1910 y nuevamente en la de 1920 con participación de capitales británico, francés y suizo estuvo estrechamente unida al Banco Italiano en las décadas de 1920 y 1930. Otras corporaciones importantes, como la CPC, eran buenos clientes del banco. Más importante, el proceso de concentración en Lima de la industria local dependió del apoyo financiero y de crédito del Banco Italiano. Solo en la década de 1950, con el establecimiento de nuevos bancos con métodos modernos de banca (Banco Continental) y la participación financiera de los Estados Unidos, iba a haber un mayor desafío a la hegemonía del Banco Italiano sobre el negocio bancario local.

Los efectos de *crowding-out*

En una economía como la peruana, en un balance delicado y expuesto a las volátiles fluctuaciones internacionales, el capital extranjero se esfuerza por controlar las actividades más rentables. Los recursos financieros nacionales se han visto, por lo tanto, desplazados de varios de los más rentables negocios y forzados a ir a sectores de relativo alto riesgo o que no revestían interés para los extranjeros. El caso inicial de un desplazamiento manifiesto de los financieros locales, como en los casos de la británica Peruvian Corporation, Cerro de Pasco, IPC o Crédit Foncier, dio vía a una estrategia más sutil de proyectos conjuntos, especialmente en el altamente concentrado sector industrial. También, los arreglos del Gobierno con los grupos extranjeros autorizaron monopolios legales. A fin de cuentas, es el sector privado nacional el que se ve aplastado entre, por un lado, los intereses extranjeros y, por otro, un Estado intervencionista.

El primer ejemplo significativo de efectos de *crowding-out* se encuentra en la liquidación de la deuda externa del siglo XIX. La Peruvian Corporation obtuvo concesiones de las vías férreas estatales que la ubicó con un control casi monopólico del sistema ferroviario del Perú. El hecho de que la Peruvian Corporation proveyera a sus accionistas con solo modestos beneficios e incluso pérdidas no excluye el hecho de que esta efectivamente haya desplazado los recursos locales y de otros extranjeros del acceso a varias oportunidades económicas.[61]

La Cerro de Pasco Corporation empezó sus actividades en el Perú comprando secretamente tierra en la región Morococha-Cerro de Pasco de la sierra central a inicios de la década de 1910. El grupo Guggenheim garantizaba un substancial apoyo financiero. Una parte significativa de aquellos mineros peruanos que vendieron sus propiedades parecieron haber tomado una decisión racional, porque recibieron pagos considerables que luego ellos reinvirtieron en otros sectores.[62] De la misma manera, la Empresa Socavonera Cerro de Pasco, una compañía oriunda con vínculos financieros en Lima, se las arregló para conseguir un acuerdo favorable al obtener acciones en la CPC a cambio de sus derechos de drenado en Cerro de Pasco. En 1902 la Empresa Socavonera se aseguró del Gobierno peruano un contrato oficial con derechos exclusivos para el necesario trabajo de drenaje en el área.

El Banco de Perú y Londres poseía una importante cantidad de acciones de la Socavonera, y estas eran aceptadas como colaterales de primera clase por los clientes del banco. Poderosos funcionarios del Banco del Perú y Londres estaban entre los directores, gerentes y accionistas de la Socavonera. Al mismo tiempo, los grupos británicos (la Peruvian Corporation) entraron también en disputa con la compañía estadounidense. Problemas técnicos y financieros acosaron a la Socavonera, aunque triunfó en sus litigios con la Cerro de Pasco. La presión extranjera resultante de un acuerdo entre los inversores británicos y estadounidenses en temas de uso del ferrocarril, así como la voluntad del Banco del Perú y Londres de sacar algún provecho de su participación en la Socavonera, redundó en la venta de la compañía nacional a

---

61. Miller 1976a.
62. Low 1976.

los grupos de poder estadounidenses. El acuerdo final tomó aproximadamente diez años (1904-1914) de negociaciones.[63]

Adicionalmente, en 1926, la Cerro de Pasco Corporation se volvió repentinamente la dueña de una empresa de cría de ganado local de considerables proporciones, la Sociedad Ganadera de Junín, cuyas acciones se encontraban entre las más rentables en la Bolsa de Valores limeña. Un litigio con los dueños de la Sociedad Ganadera por un reclamo de daños, debido a la polución en el área minera adyacente a las tierras del ganado, concluyó con la venta de la propiedad por 340.000 Lp a la compañía estadounidense.[64]

Los intentos franceses de establecer una dominante presencia financiera en el Perú constituyeron un claro ejemplo de los efectos del *crowding-out*. La participación de la Société Générale y la Banque de Paris en la base principal del Banco del Perú y Londres, y la colaboración de estas tres instituciones en un proyecto conjunto hipotecario, el Crédit Foncier Peruvien, fue buscado por los inversores financieros franceses para poder ganar representación local y una mejor posición desde donde presionar por los intereses franceses. Los elevados beneficios del Banco del Perú y Londres fueron una razón secundaria de la participación de las instituciones francesas en las actividades del banco local. Los grupos de poder franceses entraron en conflicto con la administración inglesa y nacional que tenía la institución. El conflicto quedó claro para los directores nacionales en 1913 cuando noticias desde París los alertaron de medidas tomadas por la Société Générale y el Banque de Paris para monopolizar las transacciones europeas del Banco del Perú y Londres (entrando así en conflicto con las comisiones financieras de los socios en Londres) y dominar verticalmente el Crédit Foncier Peruvien. En una reunión del consejo directivo del Banco del Perú y Londres se mencionó que el propósito real de los actos franceses era:

---

63. Banco de Perú y Londres, "Directorio", vol. 3, n.º 385, 10 de octubre de 1904, pp. 220-221, BPLS; *Gaceta Commercial*, vol. 6, n.º 127: 1213, 1906; Yepes 1972: 150-151, 178.

64. Trant 1927.

> [forzar]nos a usar nuestra influencia sobre el público y el gobierno en el Perú para adquirir el Muelle y Dársena (del Callao) que la Société Générale deseaba vender desde hace ya un tiempo. Se recordará que el banco (del Perú y Londres) ha ayudado a la Société Générale en todas las maneras que ha podido y está deseoso de hacerlo nuevamente, pero las circunstancias presentes hacen imposible desde todo punto de vista que se pueda llegar a una exitosa resolución del asunto.[65]

En primer lugar, la Société Générale y el Banque de Paris se dieron cuenta de que el Banco del Perú y Londres ofrecía la ventaja de una presencia extranjera, haciéndolo así más confiable y fiable. En una acertada observación del cuerpo directivo del Banco del Perú y Londres, pero subestimando la importancia de los ahorros locales que componían el grueso de los pasivos locales del banco, un diplomático francés reportó a París: "El consejo de esta institución está compuesto casi enteramente por extranjeros, y los fondos para su establecimiento y desarrollo han sido proveídos por ahorros extranjeros".[66] La decisión de los bancos parisinos de participar en el Perú y Londres finalmente barrió toda esperanza del establecimiento de un banco enteramente francés en el Perú:

> Nunca tendremos un banco completamente francés en Lima [...] porque el Banco del Perú y Londres está apoyado por los bancos franceses de la Rue Boudreau, la Société Générale, el Banque de Paris et des Pay Bas y el Comptoir Nationale. Estos grupos no competirán entre estos para crear un banco rival. Tampoco es probable que otro grupo francés elija la opción de intentar reemplazarlos.[67]

---

65. Banco del Perú y Londres, "Directorio", vol. 3, n.º 929, 9 de junio de 1913, p. 27, BEPLS. La Société Générale estuvo presionando para vender su participación en el embarcadero del Callao al Gobierno peruano a un alto precio, pero el presidente Billinghurst estuvo fuertemente en contra de esa compra.

66. Simon a Pichon, 5 de julio de 1909, B31 345 AMEF.

67. Ibíd.

Tan pronto como las acciones del Banco del Perú y Londres fueron cotizadas en París en 1907, la participación francesa en el directorio del Banco aumentó de un representante (Raoul de Saint Seine, gerente del Muelle y Dársena) a dos, cuando Octave Besançon, cabeza de la casa mercante de Harth y Co. en Lima, fue designado como director. La línea de acción que siguieron los bancos franceses, y que fue apoyada por los diplomáticos franceses, consistió, de ahí en adelante, en esfuerzos para aumentar la representación e influencia francesas en el consejo directivo del Banco del Perú y Londres. En una carta de 1909 al ministro de Finanzas francés, el ministro de Exteriores de ese país recomendó que este alerte personalmente al gerente del Banco del Perú y Londres que el Gobierno francés deseaba ver a los capitalistas franceses mejor representados en el Banco del Perú y Londres.[68] El representante diplomático francés en Lima, Frederic C. Simon, le informó al señor Pichon, ministro de Exteriores en París, sobre el inconveniente de que el señor Stubel, un empleado alemán de Harth & Co., haya reemplazado al antiguo director Besançon debido a la peligrosa competencia económica germana en el Perú. En su lugar, Simon propuso a Henry Grellaud, un francés, segundo al mando después de Stubel en la Harth & Co. Se aprobó que Grellaud fuese nominado en vista de tamaña presión.

La presión francesa fue también ejercida para formar en París un comité del Banco del Perú y Londres con poderes generales de consejería. Para Simon, sin embargo, no había compensación posible a la reducción de la representación francesa en el mucho más poderoso consejo directivo. Es más, el mismo diplomático francés vio la necesidad de aumentar el número de representantes franceses a tres si es que se iban a dar las grandes transacciones financieras con participación francesa en París y Londres, "para proveer una presencia francesa en este país y un instrumento de acción que esté en exacta proporción con los recursos que nosotros proveemos a las finanzas peruanas".[69]

---

68. Pichon al ministro de Finanzas, 12 de noviembre de 1909, B31 345, AMEF.

69. Simon a Pichon, 15 de agosto de 1909 y 8 de octubre de 1909, B31 345, AMEF.

Eventualmente, como resultado de las insistencias francesas y un incremento en la participación en capital francés en el Banco de Perú y Londres, un comité compuesto de tres hasta cinco miembros fue formado en diciembre de 1909 en París. El Comité de París fue similar al que tenía el Banco Nacional de México en esta misma ciudad, el cual poseía poderes de agencia para proponer negocios financieros de importancia en Europa y organizar la representación de los accionistas franceses. El comité de París del Banco de Perú y Londres tuvo, sin embargo, una mayoría del bloque británico-peruano, el que se componía por José Payán, Ernesto F. Ayulo y el director del London Bank of Mexico & S. A., Henry M. Read, así como un miembro francés simpatizante con los intereses del bloque, James Kulp, administrador del Banque Française pour le Commerce et l'Industrie. En un inicio el comité sirvió para llevar a cabo importantes transacciones internacionales (el préstamo a la comuna limeña, el préstamo garantizado con los impuestos al consumo de la sal), pero una nueva modificación en los estatutos del banco en febrero de 1913 aumentó el poder del Comité de París. A partir de ese momento, la reforma del Comité resultó ser algo desafortunada, ya que dividió el poder de decisión del banco y generó conflictos con el Consejo Directivo (renombrado en 1913 como Consejo de Administración). Como resultado de los estatutos de 1913, los directores de Lima tuvieron que considerar el poder de veto del Comité de París en cada transacción que excediera las 600.000 Lp y tenía que enviar los balances anuales del banco y sus cuentas para la aprobación en París. El interés de la Société Générale y el Banque de París de controlar el Banco de Perú y Londres estaba detrás de esta entrega de nuevos poderes al Comité.[70]

¿Por qué los financistas locales del Banco de Perú y Londres deseaban con tanta avidez la participación extranjera y así, permitiendo un extenso control y administración extranjera, una política que eventualmente trajo tantas dificultades? Parte de la respuesta se encuentra

---

70. Banco de Perú y Londres, "Directorio", vol. 5, n.° 638, julio de 1909, p. 122; "Accionistas", vol. 2, 13 de agosto de 1910, p. 92; ibíd., Extraordinaria, 20 de febrero de 1913, pp. 114-115, BPLS.

en el hecho de que, desde 1879, los mercados financieros de Londres y París se encontraban cerrados para nuevas empresas peruanas y el capital extranjero era cuidadoso en evitar socios peruanos. Así, no existieron grandes inversiones con participación mixta entre 1880 y 1907, con excepción de la fusión del Banco del Perú y Londres en 1897. Repentinamente, hacia 1907, en medio de una recesión internacional, el capital extranjero empezó a verterse en el reducido mercado limeño en busca de oportunidades sin explotar. Las instituciones financieras inglesas, alemanas, francesas e italianas compitieron entre ellas para hacerse de la exclusividad de colocar préstamos extranjeros que tuvieran limitadas garantías en el Perú. Bajo estas condiciones de una fácil oferta de capital extranjero, la liberalidad local hacia el capital foráneo fue excesiva. El supuesto económico aceptado en esa época fue que el capital extranjero en cualquier cantidad era bueno per se para países como Perú.

Los administradores locales del Banco del Perú y Londres también tuvieron otras razones, además de las ideológicas, para desear la participación extranjera. Ellos vieron que su asociación con los capitales financieros ingleses y franceses era una garantía para mantener la supremacía del banco en el mercado peruano y para superar exitosamente a la competencia. Aprendieron rápidamente de los métodos de escala monopólicos modernos de sus mayores europeos y se volvieron muy activos en organizar trusts, grupos y *holdings* en el Perú y el exterior.

El negocio hipotecario del Crédit Foncier Peruvien fue una de las grandes razones para el posterior declive del Banco de Perú y Londres. En el periodo de 1907-1913, la sección de hipotecas del banco tuvo una notable estabilidad comparada con sus otras actividades, a pesar de que la depresión había generado una momentánea desaceleración en el negocio de hipotecas en el Perú. En 1907, la administración nacional del banco se convenció de que el financiamiento inmobiliario iba a traer oportunidades excepcionales de inversión en un futuro cercano. Con esta perspectiva, el banco proveyó un rápido crédito a ciertas iniciativas del municipio en relación con mejoras urbanas y servicios que resultaron en un incremento del valor de las propiedades inmobiliarias del banco mismo. Este abrió una sección para vender propiedades urbanas a crédito en 1907. Esta sección de venta de inmuebles se encargó principalmente de las propiedades administradas por la empresa del banco, la Sociedad Anónima de Construcciones y Ahorros La Colmena. En 1910 el director del banco otorgó al Municipio de Lima un crédito hipotecario de 42.000 Lp para cubrir los costos de las expropiaciones necesarias para construir la avenida La Colmena en tierras mayormente de propiedad del banco. Asimismo, en 1911, el gerente José Payán logró obtener la cotización en Londres para la emisión de bonos municipales por 600.000 Lp que tuvo inicialmente una pobre respuesta. Además, el banco adelantó un crédito adicional por 70.000 Lp necesario para asegurar el éxito de aquel préstamo extranjero a la Municipalidad de Lima comprando la empresa privada de suministro de agua (Empresa del Agua). Todas estas financiaciones prepararon los fundamentos para el posterior *boom* inmobiliario limeño.[71]

Tras contribuir a los preparativos de un rentable negocio inmobiliario, el siguiente paso tomado por la administración del Banco del Perú y Londres hacia la asociación y la eventual entrega de su negocio hipotecario a la corporación de capital francés resulto siendo un error. El objetivo de la combinación fue atraer capital barato para monopolizar el negocio hipotecario en Lima, reduciendo los intereses hipotecarios de 8% a 6% anual: "con el objetivo de monopolizar e incrementar los préstamos, evadiendo la competencia, creemos que los intereses no deben ser mayores a 6%".[72]

El resultado de las negociaciones de Payán en París fue la formación del Crédit Foncier Peruvien en marzo de 1912, con una participación

71. Banco del Perú y Londres, Ley sobre venta de inmuebles por mensualidades; formulario para contratos y transferencias (Lima: Imp. Gil, 1908). La ley que entró en vigor el 14 de noviembre de 1900 limitó las tasas de interés en la venta de casas en 10%. Banco del Perú y Londres, "Directorio", vol. 5, n.° 706, 2 de junio de 1910, pp. 247-248; vol 6, n.º 811, 23 de mayo de 1911, pp. 9-13; y n.º 849, 14 de diciembre de 1911, p. 112, BPLS; *Boletín Municipal*, 14. n.° 686, 21 de febrero de 1914; y 15, n.° 732, 9 de enero de 1915.

72. Payán al Consejo Directivo sobre la formación de la Crédit Foncier Peruvien: Banco del Perú y Londres, "Directorio", vol. 6, n.° 863, 14 de marzo de 1912, pp. 172-174, BPLS.

minoritaria del Banco del Perú y Londres y del Anglo South American Bank de unos 337.000 de los 1.250.000 francos en acciones de capital y una mayoría del capital de la institución en las manos del grupo de la Société Générale-Banque de Paris. El Crédit Foncier tenía su central en París y una agencia en Lima, manejada por cinco directores del Banco del Perú y Londres. Las decisiones más importantes con respecto a la política financiera de la institución se tomaban en París. Inmediatamente tras el establecimiento del Crédit Foncier, el Banque Priveé parisino adelantó 12.500.000 francos descontados en 89%, después de cargos por financiamiento, en bonos hipotecarios a 5% para ser cancelados en 36 años. Por su lado, el Crédit Foncier adquirió la totalidad de los créditos hipotecarios peruanos del Banco del Perú y Londres, que después fueron vendidos al Banque Priveé. Luego, el Banco del Perú y Londres adquirió 500.000 francos franceses en bonos del Crédit Foncier del Banque Priveé, a un valor de 90,5% (1,5% por arriba del préstamo inicial otorgado por el Banque Priveé para la compra de bonos en el Perú) "como una forma de inspirar confianza tomando en cuenta los movimientos políticos en Lima".[73]

Un punto esencial de los estatutos del Crédit Foncier señalaba que los nuevos préstamos hipotecarios serían ofrecidos en Lima a una tasa de interés anual de 6,5% y que las antiguas hipotecas iban a ver sus tasas de interés reducidas de 8% a un 6,5%. Pronto surgieron contradicciones entre la administración del Crédit Foncier en París y la agencia en Lima controlada por los directores locales de Banco del Perú y Londres. En abril de 1912, los representantes en Lima comunicaron a París que el Banco del Perú y Londres iba a sufrir serias dificultades y conflictos con los inversores locales de bonos hipotecarios debido a los extremadamente cortos periodos de tiempo programados para cancelar los antiguos bonos hipotecarios. Los inversores en bonos hipotecarios de Lima estaban profundamente preocupados por el hecho de que sus 408.000 Lp, anteriormente colocadas en bonos hipotecarios sólidos, no tenían una asignación alternativa segura. Como consecuencia, el capital local estaba en peligro de migrar al extranjero en búsqueda

73. Ibíd., n.° 874, 30 de mayo de 1912, p. 214.

de oportunidades de beneficio. Otra consecuencia sería el aumento de la demanda por depósitos en los bancos nacionales. El Banco del Perú y Londres no tenía la capacidad para absorber más depósitos que buscaban desesperados un interés debido a los excesivos pasivos que ya poseía en relación con las limitadas posibilidades para invertir en el Perú en esa época.[74] La propuesta de los directores locales de una amortización más lenta de los bonos hipotecarios desplazados fue, sin embargo, rechazada por París. Payán respondió desde Francia que la cancelación de los bonos debía completarse para julio de ese mismo año debido a que de otra manera el Crédit Foncier de París tendría que costear los costos de interés en 6% durante el periodo entero de cancelación. A menor tiempo de cancelación, mejor para los intermediarios franceses. Los inversores peruanos tenían que ser sacrificados.

El Consejo Directivo local fue forzado a ajustarse a las órdenes de París. Ello tuvo consecuencias negativas para el prestigio del banco en Lima, así como efectos económicos negativos traídos por el desplazamiento de capital oriundo por parte de la financiación extranjera.[75] Aunque la cancelación se completó rápidamente, el Crédit Foncier se quejó de que para marzo de 1913 tenía una pérdida neta de 2130 libras esterlinas como resultado de los costos por las transferencias de oro a Lima y por intereses no percibidos. Payán recomendó no vender demasiadas letras de cambio en Lima, en consideración a los efectos de depreciación que un movimiento como ese hubiera tenido en la moneda local y el mercado de divisas.[76]

El conflicto más álgido, y que casi significa la ruptura total de relaciones entre Lima y París, surgió de la decisión de la administración parisina de levantar las tasas de interés de los préstamos hipotecarios a 8%, en marzo de 1913. Hasta ese entonces, los resultados financieros del primer año de actividad del Crédit en Lima habían sido considerados

74. Ibíd., n.° 867, abril de 1912, pp. 190-191; también Inspección Fiscal de Bancos Hipotecarios, Informe del año 1912 (Lima, 1913).

75. Banco del Perú y Londres, "Directorio", vol. 6, n.° 868, 18 de abril de 1912, p. 198, BPLS.

76. Crédit Foncier Peruvien, "Note sur les frais de transfert de fonds a Lima", 6 de marzo de 1913, notas mecanografiadas, BPLS.

como muy buenos, a pesar de las dificultades causadas en relación con la oferta de capital. En esta ocasión, los directores locales reaccionaron en absoluta oposición a la determinación de París en aumentar las tasas de intereses. El otorgamiento del crédito hipotecario fue paralizado, causando por lo tanto dificultades entre los receptores tradicionales de los créditos, que esperaban préstamos con bajas tasas de interés. Debido a que el Crédit Foncier operó en Lima desde los cuarteles generales del Banco del Perú y Londres, la paralización del crédito hipotecario afectó profundamente el prestigio del banco y dio una enorme ventaja a las instituciones competidoras, que estaban prestando a una tasa baja de 6,5%. La respuesta de los franceses a la oposición de los directores locales al aumento de las tasas de interés fue un intento, en junio de 1913, de ganar el control absoluto sobre el Crédit Foncier por parte del grupo del Banque de Paris-Société Générale. Los directores locales reaccionaron a este intento proponiendo la venta de su participación en el Crédit Foncier y la reapertura de la antigua sección de hipotecas en el Banco del Perú y Londres. Sin embargo, ya era muy tarde para intentar una desvinculación del Crédit Foncier.[77]

La preocupación por la pérdida de sus preciosas conexiones financieras en París se volvió finalmente el principal argumento que forzó a los directores locales en enero de 1914 a ajustarse al requerimiento parisino de un incremento en las tasas de interés de los créditos hipotecarios "con la intención de evitar cualquier motivo de fricción con los caballeros de París".[78] De ahí en adelante, el negocio hipotecario de la Crédit Foncier en Lima quedó totalmente colapsado, y, al contrario de como se le pensó, el Banco del Perú y Londres perdió su supremacía sobre el mercado hipotecario frente a otras instituciones (Banco de Crédito Hipotecario, Banco Italiano).

Los ejemplos de un efecto de *crowding-out* se multiplicaron en la década de 1920 hacia adelante. Entre los más notables ejemplos están los grupos británicos en la Marconi Telegraph Co. y los grupos

77. Banco del Perú y Londres, "Directorio", vol. 6., n.° 914, marzo de 1913, p. 340; ibíd., vol. 7 n.° 929, 9 de junio de 1913, pp. 23-26; n.° 930, 12 de junio de 1913, p. 24, n.° 931, 19 de junio de 1913, p. 37, BPLS.

78. Ibíd., 961, 8 de enero de 1914, pp. 154-155.

italianos y suizos en el conglomerado eléctrico Empresas Eléctricas Asociadas, la Swedish March Monopoly, el Peruvian Glass & Bottle Co., Foundation Co., Cía. Peruana de Cemento Portland y Fredrecick Snare & Co. En años posteriores las siguientes multinacionales invirtieron en el Perú: la Compañía Peruana de Teléfonos dominada por ITT (1930), Goodyear (1943) y, gracias a las leyes liberales de minas y petróleo (1950, 1952), la Southern Peru Copper Corporation (American Smelting and Refining Co., 1952), Marcona Mining Co. (1952), Anderson Clayton & Co., Constructora Emkay, Morrison-Knudsen Co., General Motors (1952) y Sears (1955).[79] A pesar de los avances de grupos de poder extranjeros, los grupos exportadores y agroexportadores nacionales dieron una última resistencia durante el régimen neoliberal del dictador Manuel A. Odría (1948-1956).

El crédito internacional recuperado

No fue hasta 1952 que el Gobierno peruano negoció un acuerdo definitivo de su antigua (pre-1930) deuda. En 1947 hubo un nuevo intento de liquidarla de una manera unilateral por el régimen de Bustamante y Rivero. Este intento falló a pesar del ansia de Bustamante por recuperar el acceso al crédito extranjero.[80] Odría depuso a Bustamante con el argumento de los temores a que el partido aprista consiga el poder, y en oposición a los manejos financieros y económicos que habían introducido controles de divisas. Odría reimpuso políticas financieras ortodoxas para estabilizar la moneda y reducir la inflación.[81] Las medidas fueron relativamente efectivas. Adicionalmente, el *boom* exportador durante la Guerra de Corea permitió una corrección en la balanza comercial del Perú. El asesor financiero estadounidense, Julius Klein, contribuyó a esos cambios.

Sumándose a estos reacomodos internos, una de las políticas de Odría fue renegociar la deuda externa en 1952. Para 1955, los calendarios de pago fueron acordados como una base para reducciones de

79. Goodseal 1974.

80. Bustamante y Rivero 1949.

81. Suárez y Tovar 1967: 17.

la deuda en la forma de una condonación de los intereses devengados entre 1930 y 1946.[82] Con los nuevos préstamos extranjeros que llegabàn gracias a este arreglo, Odría fue también capaz de llevar a cabo su programa populista demagógico de obras públicas y seguridad social.

Nuevos préstamos de acreedores extranjeros fueron contraídos por una suma total de 980 millones de dólares entre 1950 y 1965. Aproximadamente el 48% de esta cantidad fue garantizada por proveedores privados de bienes, 31% por EE. UU. y otras agencias gubernamentales y el 21% por bancos y organizaciones internacionales (véase el cuadro 1).[83] Un importante número de estos préstamos fue, sin embargo, atado a específicas compras de importaciones. Si revisamos las cifras de endeudamiento extranjero en el cuadro 1, es posible establecer el vínculo entre el incremento del préstamo extranjero y la expansión de los depósitos y préstamos de los bancos.

A diferencia de los anteriores ciclos de expansión del préstamo público, los nuevos préstamos dejaron poco espacio para usos desarrollistas desatados. De hecho, muchos préstamos de las décadas de 1950 y 1960 fueron usados para propósitos militares y de defensa.[84] Este patrón iba a ser continuado hacia la década de 1970 con el factor adicional de una sobreoferta de préstamos comerciales extranjeros a un gobierno militar deseoso de una expansión burocrática.

Los efectos de *crowding-out*, el intervencionismo estatal alimentado por préstamos públicos extranjeros y una entrada y salida de capital extranjero, movido por necesidades internacionales, limitaron los efectos desarrollistas de la relación entre las finanzas nacionales y extranjeras en el Perú. Al inhibir el crecimiento del sector privado local, el capital extranjero y el Estado cancelaron la posibilidad de un capitalismo financieramente viable en el Perú, y fomentaron más bien un entorno económico burocratizado donde la corrupción y decisiones económicas poco sensatas predominaron.

---

82. Ibíd, p. 18.

83. Ibíd, p. 14, cuadro 1.

84. Portocarrero et ál. 1988.

La reforma educativa en Cuba, 1898-1909: cambio y continuidad[1]

La educación pública tiene, según los especialistas, dos funciones fundamentales. En primer lugar, desde el punto de vista socioeconómico, contribuye a la formación e incremento de capital humano, fuente de riqueza y desarrollo.[2] En segundo lugar, desde una perspectiva ideológica e institucional, sirve para sustentar o justificar un orden institucional que rige de determinada manera los derechos de propiedad y costos de transacción.[3] Así, en periodos de cambio y transición

---

1. Publicado en: John Coatsworth et ál. (eds.). *La cultura en la historia de las relaciones entre Cuba y los Estados Unidos*, pp. 113-125. La Habana: David Rockefller Center for Latin American Studies, Harvard University y Centro Juan Marinello, 2001. El autor desea agradecer los valiosos comentarios de Víctor Fowler, John Womack y John Coatsworth, así como las estimulantes preguntas y comentarios de la amable audiencia durante la exposición del presente trabajo en el marco de la conferencia.

2. "Capital humano" es un concepto que alude a la acumulación social de conocimiento teórico, técnico y general cuyo alto nivel y más equitativa distribución se asocia a un mayor grado de desarrollo económico (Becker 1975, North 1993, Núñez 1992).

3. En otras palabras, si el orden o sistema institucional causa percepciones públicas de injusticia, entonces la inversión ideológica en educación tendrá rendimientos decrecientes, pues contribuirá cada vez menos a sustentar dicho sistema (North 1981).

sociopolíticos, el sistema educativo y los educadores se enfrentan a los correspondientes cambios en las tradiciones educativas y culturales preexistentes.

En este trabajo se analiza el cambio en el sistema educativo cubano como consecuencia del final del dominio español y la influencia norteamericana en la política educativa descentralizadora, a partir de 1898, así como la injerencia en materia de educación de líderes cubanos nacionalistas de la talla de Enrique José Varona y Tomás Estrada Palma. ¿Resultó de esta transformación y reforma una mejora incontrastable en la capacidad y eficacia del sistema educativo cubano para generar incrementos de capital humano? ¿Se originaron en esta época las causas del deterioro del sistema educacional evidente en décadas posteriores? ¿Influyeron en su calidad las pugnas políticas y nacionalistas de influencia ideológica e institucional centralizadora?

A estas preguntas se les dará respuestas, por necesidad tentativas, después de tratar la evidencia histórica en tres acápites. Primero, se evalúan someramente los logros y deficiencias del sistema educacional español, así como las alternativas educacionales propuestas por las posiciones reformistas y separatistas, en Cuba, antes de 1898. En segundo lugar, se consideran los resultados del empeño norteamericano en transformar las bases educativas cubanas entre 1898 y 1902. En tercer lugar, se analiza la implementación, por parte de autoridades políticas y educacionales cubanas, de programas y políticas a partir del término de la primera ocupación militar norteamericana, en 1902. Finalmente, se concluye con una reflexión sobre el cambio y la continuidad históricos en relación con la reforma educativa en Cuba de principios del siglo.

La educación bajo el dominio español

Contrariamente a la idea desfavorable que, por lo general, se ha tenido sobre el sistema educativo en Cuba durante la colonia,[4] el régimen

4. "Cuba, empero, fue hasta hace poco una colonia, dependiente de una nación europea, empeñada todavía en la obra de su interior transformación política, desdeñosa de las aspiraciones coloniales y que mal podría haberse consagrado a la

colonial español en Cuba permitió y hasta fomentó un crecimiento educativo lento y constante —más notable hacia los años 1880-1895— aunque desigual e insuficiente.

La población masculina blanca tenía un mejor nivel básico de educación, en contraste con el menor progreso educativo de la población femenina blanca y el retraso y crecimiento muy marginal en la educación de la población masculina y femenina de color.[5] El abandono educativo de la población masculina y femenina de color llegó a ser causa de preocupación entre algunos reformadores.[6] En 1847 había en Cuba 286 escuelas de enseñanza de primeras letras, con 11.033

---

educación política de los colonos, ni en la escuela, ni en la universidad, en la propia metrópolis desatendida, ni mediante la práctica de funciones públicas [...]. De ahí la necesidad de que se haga hoy lo que no hiciese España" (Giberga 1931: 552). "Los últimos tiempos de la dominación española en Cuba se caracterizaron por el abandono más completo de la instrucción en todos sus grados. La enseñanza popular había caído al más bajo nivel. No había en toda la isla una casa-escuela; los maestros, siempre mal pagados, vivían en la miseria; el menaje escolar era irrisorio, la asistencia de alumnos casi insignificante; la mayor parte de la población escolar analfabeta. No existía una sola escuela superior" (Varona 1901: 3).

5. En 1861, el nivel de alfabetización de la población masculina blanca llegaba a 41%; el de la femenina blanca a 34,7%; el de la masculina de color a solo a 4,7% y el de la femenina de color a 6,1%. Ello da como promedio general un nivel de alfabetización de 23,8% en dicho año. En 1887, el nivel general ascendía a 27,7% y en 1899 a 36%. El nivel de alfabetización de Cuba era, sin embargo, uno de los más altos de América Latina hacia la década de 1890, después de Argentina (Newland 1991: 335-373).

6. Francisco de Arango y Parreño abogó por la educación de la población de color, hacia 1829, en estos términos: "¿Y podré yo olvidar [...] ni podré yo desentenderme de la [educación] de los negros y gente de color? Teme nuestro supremo y paternal gobierno [...] y teme con mucha razón que puede perderse la isla por la mala educación de sus habitantes blancos. ¿Y que no son más temibles los de color que hay en ella? ¿Subsistiremos siempre olvidados de esa parte la más considerable de nuestra población? El arreglo de ese gran negocio en todas sus relaciones, es decir, en la fraudulenta y en todo tiempo perjudicial introducción de negros, tratamiento de esclavos, y goce que deban tener los libres de color, es lo que más interesa a la seguridad de la isla" (Archivo Histórico Nacional, Ultramar, Fomento, Madrid, leg. 126, exp. 1 1, doc. 6. En adelante esta fuente será aludida por las siglas AHN). Más tarde otro experto indicaba "menester es que se cuidara también de la educación moral y religiosa de nuestros siervos" (González de los Ríos 1865: 331).

alumnos, de los cuales solo 3682 obtenían educación gratuita y 7351 pagaban por ella; el financiamiento público se limitaba a solo 40.000 pesos anuales.[7] En 1860 existían 285 escuelas municipales y 170 privadas; de un total de 17.519 alumnos en dicho año, la mitad recibía educación gratuita.[8] En 1890, el número de alumnos en dichas escuelas ascendía a más de 30.000 (23.056 blancos y 7958 negros).[9] En 1895, había 904 escuelas públicas, con 998 maestros y alumnos, además de 740 escuelas privadas, con 25.384 alumnos. Ese mismo año, las escuelas públicas fueron financiadas por el Estado con 716.892 pesos.[10]

A pesar de este relativo progreso, se dio una muy desigual distribución geográfica de escuelas y niveles educativos hacia finales del dominio español. Hubo un menor desarrollo educativo en el centro y el este de la isla que en el oeste.[11] En teoría, sin embargo, en Cuba colonial el programa de estudio reformado llegó a constituir un edificio digno de encomio por parte de observadores norteamericanos, hacia 1899. En la práctica, el problema más obvio que tuvo la educación en Cuba bajo el dominio español fue su exiguo financiamiento.[12]

---

7. Ministerio de Ultramar de España 1873: 36-39.
8. Castañeda Delgado y Marchena Fernández 1984: 269.
9. Gallego y García 1890: 134.
10. Departamento de Guerra de los Estados Unidos 1900: 584.
11. En 1890, la distribución por provincias de los alumnos de las escuelas públicas de primera enseñanza (blancos y negros respectivamente) era la siguiente: La Habana, 6886 y 1833; Santa Clara, 5436 y 1726; Matanzas, 3891 y 2026; Santiago de Cuba, 3046 y 370; Pinar del Río, 2745 y 845; y Puerto Príncipe, 1032 y 158. Véase Gallego y García 1890: 133-135.
12. "The system in operation at the time of the American occupation, January 1, 1899, was based on the law of 1865 [sic. debe decir 1863] as modified by that of 1880, and had in view a progressive course of public and private instruction through primary and secondary schools to the special schools and university, and it may be said at once that the plan of studies as thus prescribed was excellent in theory, and had it been thoroughly carried out by means of liberal appropriations and more attention to details the figures of the census would have been reversed as far as they represent the condition of literacy in general. But [...] the appropriations for the schools were far from adequate and their administration most imperfect, and thus the scheme of popular education, which as a theoretical proposition was almost beyond adverse criticism, utterly failed to accomplish its ostensible purpose, as the figures of the census prove".

Las liberales intenciones de los primeros reformadores de la educación (Francisco de Arango y Parreño y la sección de educación de la Sociedad Económica de Amigos del País, entre los años 1822 y 1842) y las leyes educativas —notablemente las de 1842, 1863 y 1880— se estrellaron con la realidad de recursos muy limitados por la política fiscal colonial, marginación local municipal, prácticas pedagógicas obsoletas (memorización y castigo corporal) y costumbres burocráticas corruptas y resistentes al cambio y la reforma. El sistema educativo imperante hacia 1880-1895 combinaba elementos centralizadores estatales (Junta Superior de Instrucción Pública), municipales y privados.[13] La educación privada primaba en calidad, sobre todo en lo referente a estudios secundarios (colegios San Francisco de Asís, San Pablo, San Salvador, aunque no en la cantidad total de escuelas). Los representantes locales en ciudades de provincias —Puerto Príncipe, Pinar del Río, Santiago, Sagua La Grande— pugnaban por una mejora en la educación secundaria local, mientras que algunos de los expertos centralizadores criticaban este énfasis en la educación superior por encima de la desatendida educación primaria básica.[14]

La reforma educativa de corte liberal que tuvo cierto impacto positivo en España también tocó a Cuba, pero con las limitaciones impuestas por la realidad colonial.[15] Desde la década de 1830, la política

13. Departamento de Guerra de los Estados Unidos 1900: 576-577. Véase también Read 1950: 88.

14. El severo superintendente de Hacienda, Claudio Martínez de Pinillos, Conde de Villanueva, informaba sobre los roces que había tenido con Arango con motivo de la falta de financiamiento educativo, ante las limitaciones impuestas por el régimen financiero colonial: "No se entienda por esto que puedo jamás pronunciarme contra la ejecución del proyecto de una mejor enseñanza pública, de cuya idea dejo dicho ya que fui el principal promovedor [...] sensible la inexactitud de cálculos adoptados para llevarle a efecto, y el que la Real Hacienda no puede suplir de presente tan considerable defecto. El presupuesto de las obras monta cerca de [43.000 pesos], según Arango, y no existiendo en realidad, como no existe, ningún, de los arbitrios propuestos conforme a su propio relato [...] resulta pues que el gasto inmediato habría de recaer sobre el erario". AHN, ob. cit. leg. 126, exp. 16, doc. 1.

15. Lorenzo Zagaltac (Leandro Fernández Alcorta), Contra la supresión J. instituciones de 2.ª enseñanza, Imp. La Constancia, Pinar del Río, 1887 AHN, ob. cit., leg. 141, exp. 21.

de la Sección de Fomento del Ministerio de Ultramar estuvo, en lo fundamental, orientada a la asimilación (españolización) y la aplicación de los sistemas educativos de la Península en la isla. Las principales leyes educativas que se dispusieron para Cuba desde 1842 se calcaban de las que se aplicaban en la metrópoli.[16] El tibio interés por la instrucción pública por parte de las autoridades españolas surge a raíz del temor de que Cuba se perdiera como colonia por influencia de los jóvenes cubanos que se educaban en el exterior.[17] En 1846, así como en 1851, el joven capitán general José Gutiérrez de la Concha abogaba, al comprobar que la instrucción primaria en Cuba era "lamentable", por la necesidad de mejorar la educación pública "en bien de la juventud, cuya instrucción no puede desatenderse sin lastimar el crédito y prestigio del gobierno", y para evitar así consecuencias muy perjudiciales para la dominación española.[18]

En las escuelas, por ejemplo, se hacía énfasis en la historia de los reyes y héroes de España. La historia de la isla era marginada. Había, además, poco énfasis en la educación científica, aunque la laica, no religiosa, predominaba. Según Rafael María de Labra, la educación española de la época era la tradicional, basada en la exaltación de la fuerza, la aventura y la intolerancia, que promovía una historia "falsificada" y un malentendido patriotismo.[19]

---

16. Fox 1999, Hernández 1992.

17. La ley de 1842, que seculariza la educación en Cuba, se basó en la medida que se aplicó en la Península en 1838; la de 1863, en la aplicada en la metrópoli en 1857 y la de 1880 modificó la de 1863. La única ley localmente concebida fue la del conde de Valmaseda, en 1871, con objetivos represivos durante la Guerra de los Diez años.

18. El ministro de España en los Estados Unidos, en un parte del 3 de diciembre de 1827, opinaba que "en los 15 años anteriores se habían educado en aquella república casi todos los jóvenes de las principales familias de Cuba y Puerto Rico mezclados con los de dichos Estados, y los de Colombia otras provincias rebeldes a S. M. con todos los peligros consiguientes". "Informes sobre la necesidad de habilitar colegios y evitar que los jóvenes vayan a estudiar afuera". La Habana, 1831. AHN, ob. cit., leg. exp. 17, doc. 9.

19. Gutiérrez de la Concha a Ministerio de Ultramar, 10 de septiembre de 1846 y 15 de marzo de 1851. "Expediente sobre instrucción pública". AHN, ob. cit., leg. 24, exp. 1, doc. 1. Véase también "informe del general Concha sobre instrucción pública en 1851", en Ministerio de Ultramar de España 1873: 36-57.

Aunque los maestros eran mal pagados, obtenían seguridad como empleados estatales. Los documentos de la época evidencian la capacitación limitada de muchos maestros, el cobro indebido de derechos, la venta ilegal de títulos y un alto grado de corrupción administrativa.[20] Estas prácticas iban solicitando el prestigio del sistema educativo y representaban rendimientos decrecientes en la inversión ideológica, justificativa del régimen colonial.

La influencia peninsular en el magisterio se dejó notar con más nitidez a raíz de la Guerra de los Diez Años. El capitán general, conde de Valmaseda, implementó hacia 1871 —junto a los antecedentes de lo que en 1896 se llamara a "reconcentración"— una reforma radical de la educación, destinada a erradicar la influencia criolla reformista en las escuelas, institutos de segunda enseñanza y la universidad. Se cerraron colegios y se abolió el grado de doctorado en la universidad. Se ejecutó injustamente a bisoños estudiantes de medicina. Se condenó la independencia con que se había dejado evolucionar a las escuelas, en particular las privadas. Con esta reacción educativa se buscó "españolizar" y "cristianizar" a los habitantes de Cuba.

La crítica reformista en materia de educación se dio sobre todo en los colegios privados (San Cristóbal, San Salvador, San Pablo) y en la universidad. La posición pedagógica reformista, iniciada por los educadores liberales Antonio Casas y José de la Luz y Caballero, y otros cubanos, hacía hincapié en la educación científica experimentalista y crítica.[21] Los profesores criollos lograban dominar los puestos universitarios. En las escuelas, algunos maestros escribían textos escolares alternativos que eran tachados por las autoridades españolas. Es el caso del criollo Emilio Blanchet, maestro del Instituto de Segunda Enseñanza de Matanzas, quien escribió un *Manual de historia de España desde los tiempos más remotos hasta 1814*.[22] Según el informe evacuado a raíz de la petición de Blanchet para que su obra fuese adoptada como obligatoria en las escuelas cubanas, el *Manual* fue inicialmente

20. Hernández 1992: 105.

21. AHN, Ultramar, sección Fomento.

22. Pichardo 1979, González del Valle 1931, Chávez Rodríguez 1992.

aprobado por la Junta Superior de Instrucción Pública de Cuba. Sin embargo, en mayo de 1868, el Real Consejo de Instrucción Pública, en Madrid, lo desestimó "por los muchos errores de apreciación", pues a pesar de poseer laconismo, método y claridad —continuaba el informe—, tenía un gran defecto, que era "zaherir como por sistema a los esclarecidos personajes, honra de España, tildándoles de fanáticos y supersticiosos precisamente por acciones de hombres altamente políticos y católicos". Eran los casos de Felipe II, Cisneros y Torquemada, este último citado en el texto como "famoso por su bárbaro fanatismo". Inclusive, el texto "niega que el apóstol Santiago haya auxiliado en las batallas a españoles".[23] En 1869, Blanchet viajó al extranjero por causa del inicio de la Guerra de los Diez Años, durante la cual se persiguió y reprimió a los criollos de posición crítica y reformista.[24] Según el reglamento vigente, constituía motivo de separación del magisterio el incurrir en el "abandono de cátedra" o puesto educativo. Con esta excusa se expulsó del magisterio a muchos educadores críticos del sistema, incluidos el profesor del Instituto de Segunda Enseñanza de Santiago de Cuba, Antonio Bachiller y Morales (1859-1861), y el director del Instituto de Puerto Príncipe, José Delmonte y Garay.[25]

El separatismo en el exilio también contribuyó a la crítica radical del sistema. Por un lado, están las actividades culturales y educativas entre los trabajadores tabaqueros en Nueva York y Florida.[26] Asimismo, los escritos sobre educación empírica, popular y rural de Martí tuvieron mucha influencia entre los jóvenes e idealistas maestros después de 1898.[27] Igualmente, la labor educativa de Tomás Estrada Palma en su colegio en Central Valley, Nueva York, enfatizó una moral patriótica y republicana, a pesar de las contradicciones anexionistas del futuro primer presidente cubano.[28] Hacia 1895-1898, el cambio educativo era

23. Blanchet 1865.

24. AHN, ob. cit., leg. 147, exp. 16, doc. 1.

25. Quiroz 1998: 261-305.

26. AHN, ob. cit., leg. 147, exps. 19, 21 y 25.

27. Poyo 1989.

28. Martí 1935, Guerra y Sánchez 1952.

promovido penosamente por los autonomistas, mientras que el Ejército Libertador separatista enfatizaba, por necesidad, la lucha heroica y la fuerza por encima de su limitada obra educativa.

La reforma educativa norteamericana

La reforma educativa iniciada por los generales norteamericanos John Brooke y Leonard Wood, el secretario de Instrucción Pública Enrique Varona y los comisionados de escuelas públicas Alexis Frye y Mathew Harry tuvo profundas consecuencias para Cuba independiente. Bajo la iniciativa de Brooke y Frye, quien era graduado de Harvard, se pusieron en funcionamiento, en los años 1899 y 1900, alrededor de 3000 escuelas públicas con 3500 maestros y 130.000 alumnos a un costo de 4 millones de dólares.[29] Esto significó un considerable desarrollo con respecto a la situación de la educación pública hacia 1895.[30]

La reorganización y reforma implementadas bajo la ocupación norteamericana pusieron gran énfasis en la ampliación de la educación primaria básica, junto con otras prioridades de infraestructura, sanidad y provisión de alimentos. Inicialmente, estas reformas se recibieron en Cuba con particular entusiasmo y grandes esperanzas en relación con sus potenciales soluciones a los problemas educativos y sociales de la joven nación cubana.[31]

Sin embargo, se presentó el grave problema de la capacitación del plantel docente. La mayoría de los nuevos maestros que se incorporaron

---

29. Camacho 1938.

30. Entre 1899 y 1900 se crearon más de 2000 escuelas que se añadieron a las 800 anteriormente existentes.

31. Departamento de Guerra de los Estados Unidos 1900. Para una adecuada comparación de la situación educativa antes y después de 1898, es necesario utilizar las estadísticas del sistema educativo bajo el dominio español para el año 1895, es decir, antes del inicio de la segunda guerra por la independencia, pues esta tuvo efectos muy negativos para el sistema educativo, cuando el general Valeriano Weyler ordenó cerrar las escuelas. Su reapertura, ordenada por el gobierno autonómico en 1898, remedió poco la desoladora situación de la instrucción pública como consecuencia de la guerra. Solo en estas circunstancias de extrema decadencia se entienden las opiniones negativas de Varona (1901) y Giberga (1931).

al sistema no tenían las calificaciones necesarias. Habían sido atraídos a la docencia por los salarios y empleo estatal ofrecidos por autoridades municipales. Estas tenían poder de decisión en materias educativas locales, según la descentralización administrativa educacional impuesta por el gobierno de ocupación. El problema de la falta de calificación docente se solucionó parcialmente con el egreso a la docencia de maestros y maestras con mejor preparación, algunos cientos de ellos educados ex profeso en cursillos de verano en Harvard University y otros centros norteamericanos.

La reforma de la educación secundaria y superior de 1900 diseñada por Varona y puesta en práctica por maestros y autoridades educativas cubanos hizo énfasis en los escasos institutos de segunda enseñanza, colegios privados y la universidad. Los manuales de maestros, así como el contenido ideológico y de materias de aquella educación, estuvieron en manos de cubanos nacionalistas, como se deja ver en lo que atañe a la enseñanza de la historia.[32]

Sin embargo, la segunda enseñanza pública en Cuba se limitó a solo seis institutos provinciales, mientras proliferaban los colegios privados. Esto llevó a una crítica centralizadora y nacionalista que denuncia la influencia extranjerizante, religiosa y elitista de los colegios particulares.[33] Asimismo, se criticaba la deficiente preparación de los docentes de secundarias y la supresión de los ejercicios de grado para el estudiante, que contempló inicialmente el plan de estudios de Varona.

Por otro lado, por iniciativa de un educador norteamericano residente en la ciudad de Nueva York, Gilbert K. Harroun, tesorero del Union College (Schenectady, Nueva York), se realizó, desde 1898, una campaña en los Estados Unidos para proporcionar una educación universitaria gratuita a más de cien estudiantes cubanos

---

32. Un cubano de la época alababa la iniciativa norteamericana en materia educativa de la siguiente manera: "Todo lo podéis aquí, aquí todos os amamos, amamos en vos vuestra gran Nación; referidla a nosotros, concretándola en la base única de paz constante, de perdurable felicidad, base de vuestro suntuoso engrandecimiento: la educación" (Torres 1899: 4).

33. Varona 1901, Varona et ál. 1904-1911, Junta de Superintendentes de la Isla de Cuba 1901.

y puertorriqueños. La acogida de la iniciativa de Harroun entre los presidentes de *colleges* norteamericanos fue impresionante.[34] De la lectura de los documentos y cartas de la Asociación Educacional Cubana (Cuban Educational Association) formada por Harroun se trasluce un mayoritario interés entre educadores norteamericanos por promover la enseñanza superior entre jóvenes cubanos. Solo una minoritaria y elitista posición anexionista con respecto a Cuba se evidencia en la correspondencia recibida por Harroun. Es más bien notable en la iniciativa de estos educadores norteamericanos un mayoritario sentimiento altruista y pragmático que a veces, sin embargo, pecaba de un paternalismo muy de acuerdo con los sentimientos favorables a una Cuba independiente en la opinión pública norteamericana de la época. El objetivo genuino de iniciativas como la de Harroun era establecer en Cuba las bases educativas inherentes a una sociedad democrática.[35] Esto lleva a reflexionar acerca de que, a diferencia de las críticas esgrimidas contra las tendencias anexionistas norteamericanas en materia de educación,[36] los problemas en la evolución del sistema educativo cubano a partir de 1898-1900 deben buscarse en otra parte.

En la práctica, el problema que no se llegó a solucionar en el sistema reformado fue la politización de las juntas y superintendencias

---

34. Villoldo Bertan 1914, Espinosa Rodríguez 1942, Roigde Leuchsenring et ál. 1941.

35. Biblioteca del Congreso, Cuban Educational Association Papers, cajas 1-3.

36. Según Harroun, en un artículo publicado en *The American M… Review of Books* (septiembre de 1899), también traducido y publicado en Patria (Sagua La Grande), "At the beginning of this war our government announced that we only went to war for the pacification of the Island Cuba and now that the war is ended the United States finds itself wrestling with the problem of the promised peace. While the mission we have undertaken is a delicate one yet the faith of our Republic is so strong and so surely intertwined with our love of liberty that in the end people of the Antilles will find themselves in possession of a pacific stable government. During the solving of this problem the world at large will be slow to believe that the United States is not acting upon the piratical theory of national agrandizement and should our people undertake to vise very much new territory the European powers with the old time diplomats are liable to make exceedingly vigorous protests". Biblioteca del Congreso, Cuban Educational Association Papers, caja 4 (texto mecanografiado, caja 6, artículo publicado).

provinciales (administración) y la consiguiente postergación de los inspectores provinciales (inspección técnica).[37] Desde el inicio de la implementación de la política educativa descentralizadora en la escuela primaria, se produjeron conflictos de índole política, individualista y oportunista en las elecciones para los puestos administrativo-educativos locales y la elección de maestros de escuelas.[38] La implementación de la ley escolar del 30 de julio de 1900, dictada por Wood y concebida por Hanna sobre la base de su experiencia educativa en Ohio, tomó como modelo la ley educativa del estado de Ohio, en los Estados Unidos. Allí, el nivel educativo de la población y la responsabilidad cívica con respecto a la educación de la niñez tenían grandes diferencias con los de Cuba. En contraste, en Cuba los veteranos de la guerra de independencia ejercían influencia, sobre todo en las zonas rurales.[39] Se iban tergiversando así las intenciones descentralizadoras de la reforma educativa ante el legado caudillista y militarista en el campo cubano, fuente de inestabilidad política y tendencias dictatoriales.

Tendencias centralizadoras a partir de 1902

La mejor fuente para entender los principales problemas en la evolución educativa cubana a partir de 1902 son los escritos de Ramiro Guerra y Sánchez. No solo fue Guerra un historiador connotado, sino que desde su juventud se abocó a la tarea pedagógica. La posición nacionalista de Guerra es innegable. Sin embargo, su juicio sobre la decadencia del sistema educativo cubano apuntó a culpar a las tendencias centralizadoras y antidemocráticas que se evidencian poco después de la subida al poder del otrora maestro Tomás Estrada Palma.

Según Guerra, el plan de estudios elaborado en 1900 por Enrique Jose Varona y, sobre todo, las medidas educativas descentralizadoras del gobierno de ocupación norteamericano fueron tergiversados muy pronto al inaugurarse la República. Estrada Palma transfirió las

---

37. Pérez 1995: 1-20.

38. Fernández Valdés 1906, Martínez y Díaz 1943.

39. Hanna 1902.

funciones del comisionado de escuelas al secretario de Instrucción Pública y suprimió el cargo de superintendente de escuelas, "primeras y lastimosas manifestaciones de un centralismo político y burocrático de ancestro, marcada y típicamente colonial".[40] Se continuó con este proceso centralizador al permitir el relajamiento en la preparación de los maestros, la anulación de la libertad de estos en la selección del material y contenido de su actividad docente y el inadecuado suministro de fondos centrales para los centros educativos locales y rurales.

La insurrección de 1906 tuvo efectos muy negativos en el sistema educativo. La segunda ocupación norteamericana (1906-1909) no contribuyó a mejorar la situación de apatía, ineficacia y politización en la administración educativa. En 1908, un profesor de la Escuela de Pedagogía de la Universidad de La Habana se mostraba pesimista por lo que consideraba un "defecto capitalísimo" en Cuba: en contraste con los objetivos de desarrollo nacional y estabilidad republicana, los cubanos no estaban "bastante educados para la vida social. No tenemos aún bien entendido el sentimiento de colectividad, ni le tenemos el amor y el afecto que necesita para su desarrollo".[41]

El golpe demoledor para el sistema educativo implantado durante la primera ocupación norteamericana, según Guerra, fue la Ley Escolar, del 8 de junio de 1909, votada por el Congreso y promulgada por el presidente, el general José Miguel Gómez. Esta medida desarticuló el censo escolar, politizó aún más las elecciones escolares y permitió la mediocridad docente al suprimir las escuelas normales de verano y prorrogar, sin requisitos de capacitación, los contratos anuales de los maestros. En consecuencia, la eficacia de la educación en Cuba decae mientras se incrementa su contenido ideológico. Estos males se agravan posteriormente con los problemas financieros creados por la caída del precio del azúcar y la ineficacia e insuficiencia en la administraron central de fondos para la educación durante gobiernos corruptos y dictatoriales de las décadas de 1920 y 1930.[42]

---

40. Hernández 1993.

41. Guerra y Sánchez 1955: 157.

42. Meza 1908. Este mismo profesor cita al inicio de su tratado una definición contemporánea de "capital humano" en palabras del autor norteamericano F. V. N. Painter

Conclusión

Sobre la base de las fuentes históricas analizadas, se puede concluir que la evolución de la educación en Cuba, en cuanto a la formación e incremento del capital humano, ni fue tan ineficaz bajo el dominio español ni tan claramente eficaz a partir de la intervención norteamericana de 1898. No sería la influencia norteamericana la que desencajara el desarrollo educativo en Cuba al extranjerizarlo, como han afirmado algunos autores.[43] A nuestro parecer, fueron más bien las prácticas y mentalidades politizadas y oportunistas en la administración de la educación —tanto las heredadas del colonialismo español como las adquiridas en la lucha por la independencia— las que trabaron el desarrollo educativo y sirvieron para el aprovechamiento individual de unos pocos. Estas condiciones frenaron la efectiva implementación de los necesarios cambios en la enseñanza básica y superior, por lo tanto, persistió una educación con obvias desigualdades sociales, raciales y geográficas, y con serias limitaciones para la generación de un adecuado nivel de inversión en capital humano, compatible con una vida social independiente, democrática y estable. Por más que los gobernantes invirtieron en ideologizar en forma "nacionalista" la educación, los rendimientos del sistema educativo declinaron inexorablemente ante la persistente percepción pública de la injusticia de un sistema sociopolítico que beneficiaba solo a una minoría de cubanos.

(*A History of Education*, Appleton, Nueva York, 1886 y 1904): "Popular intelligence is everywhere reckoned an element of national power and wealth and stability of republics is recognized as resting upon the knowledge and virtue of people".

43. Read 1936-1946: 97.

Bibliografía

Abascal, José

1944 *Memorias del gobierno del virrey Abascal 1806-1816*. Vol. 2. Sevilla: EEH, pp. 105-106, 108.

Ady, Peter

1971 "Private Overseas Investment and the Developing Countries". En Peter Ady, (ed.). *Private Foreign Investment and the Developing World*. Nueva York: Praeger, pp. 3-34.

Albert, Bill

1976 *An Essay on the Peruvian Sugar Industry 1880-1920*. Norwich, Norfolk: University of East Anglia.

1988 *South America and the First World War: The Impact of War on Brazil, Argentina, Peru and Chile*. Cambridge: Cambridge University Press.

Alexander, Alberto

1922 *Estudio sobre la crisis de la habitación en Lima*. Lima: Imp. Torres Aguirre.

1927 *Los problemas urbanos de Lima y su futuro*. Lima.

Aljovín de Losada, Cristóbal
1990 "Los compradores de Temporalidades a fines de la Colonia". *Histórica*, vol. 14: 183-233.

Álvarez Mayorga, María
1979 "Capital comercial y capital industrial en la minería de la sierra central". Tesis de bachiller inédita. Lima: Universidad Nacional Mayor de San Marcos.

Amat y Junient, Manuel
1947 *Memoria de gobierno del virrey Amat*. Sevilla: EEH.

Anes, Gonzalo et ál.
1970 *El Banco de España: una historia económica*. Madrid: Banco de España.

Anna, Timothy
1979 *The Fall of the Royal Government in Peru*. Lincoln: University of Nebraska Press.

Arca Parro, Alberto
1945 "Perú en cifras". En Darío Saint Marie. *El Perú en cifras*. Lima: Development, Austin, University of Texas Press.

Aspíllaga, Antero, Luis Dubois y Juan Gildemeister
1892 *Informe en mayoría de la comisión para el estudio de la depreciación en el valor de la moneda nacional de plata*. Lima.

Aspíllaga, Antero, Alejandro Garland y Augusto Leguía
1902 *La crisis del azúcar: informe de la comisión oficial*. Lima: Ministerio de Fomento.

Bachiller y Morales, Antonio
1859-1861 *Apuntes para la historia de las letras y de la instrucción pública de la isla de Cuba*. La Habana: Imprenta de P. Massana.

Banco Central de Reserva del Perú
1944 *Legislación*. Lima: Imp. Torres Aguirre.

1972-1973. *Memoria*. Lima.

s. f. *Memoria* 1922-1930. Lima.

1960-1974 *Cuentas nacionales del Perú*. Lima.

Barbagelata, J. y J. Bromley
1945 *Evolución urbana de la provincia de Lima.* Lima: Talleres gráficos de la editorial Lumen.

Bardella, Gianfranco
1989 *Un siglo en la vida económica del Perú, 1889-1989.* Lima: Banco de Crédito del Perú.

Barnet, R. y R. Müller
1974 "Development Problems in an Export Economy: A Study of Domestic Capitalists, Foreign Firms and Government in Peru, 1919-1930". Oxford University Press. Tesis de doctorado.

Basadre, Jorge
1968 *Historia de la república del Perú.* Lima: Editorial Universitaria.

1971 *Introducción de las bases documentales para la historia de la República del Perú,* 2 vols. Lima: P. L. Villanueva.

Basch, Antonin
1966 *El mercado de capitales de Colombia.* México D. F.: Centro de Estudios Monetarios Latinoamericanos.

Basombrío Zender, Ignacio
1979 *Bancos: elementos para un debate.* Lima: Centro de Investigaciones de la Universidad del Pacífico.

Bauer, Arnold (ed.)
1986 *La Iglesia en la economía de América Latina: siglos XVI al XIX.* México D. F.: INAH.

Becker, David
1983 *The New Bourgeoisie and the Limits of Dependency: Mining, Class, and Power in "Revolutionary" Perú.* Princeton: Princeton University Press.

Becker, Gary
1975 *Human Capital: A Theoretical and Empirical Analysis with Special Reference to Education.* Nueva York: Columbia University Press.

Beneficencia Pública de Lima
1909-1929 *Memoria de las operaciones de la Caja de Ahorros.* Lima.

Bergquist, Charles
1979 *Alternative Approaches to the Problem of Development: A Selected and Annotated Bibliography.* Durham: Duke University Press.

1988 *Labor in Latin America.* Stanford: Stanford University Press.

Bertram, Geoffrey
1974 "Development Problems In an Export Economy: A Study of Domestic Capitalists. Foreign Firms and Government in Peru, 1919-1930". Oxford Univesity Press. Tesis de doctorado.

1977 "Modernización y cambio en la industria lanera del Perú, 1919-1930: un caso frustrado de desarrollo". *Apuntes*, n.º 6: 3-22.

Blanchet, Emilio
1865 *Manual de historia de España desde los tiempos más remotos hasta 1814.* Matanzas: Imp. La Aurora de Yumurí.

Blume, Federico
1876 *Observaciones sobre el proyecto del Banco Central.* Lima: Imp. Masías.

Boloña, Carlos
1981 "Tariff Policies in Peru, 1880-1980". Tesis doctoral. Oxford University Press.

Bolsa Comercial de Lima
1900-1914 "Memoria anual". En *Boletín de la Bolsa Comercial.* Lima.

Bonilla, Heraclio
1974 *Guano y burguesía en el Perú.* Lima: Instituto de Estudios Peruanos.

1984 "Continuidad y cambio en la organización política del Estado en el Perú independiente". En Inge Buisson et ál. *Problemas de la formación del Estado y la nación en Hispanoamérica.* Colonia: Bóhlau Verlag, pp. 481-498.

Bonilla, Heraclio et ál.
1981 *La independencia en el Perú* (2.ª ed.). Lima: Instituto de Estudios Peruanos.

Bravo Holguín, J.
1966 *Evolución de las instituciones financieras en Colombia.* México D. F.: Centro de Estudios Monetarios Latinamericanos.

Brown, Kendall

1986 *Bourbons and Brandy: Imperial Reform in Eighteenth Century Arequipa*. Albuquerque: University of New México Press [existe edición en castellano del Instituto de Estudios Peruanos, 2008].

1987 "Jesuit Wealth and Economic Activity Within the Peruvian Economy: The Case of Colonial Southern Perú". *The Americas*, vol. 44: 23-43.

Burga, Manuel

1976 *De la encomienda a la hacienda capitalista: el valle del Jequetepeque del siglo XVI al XX*. Lima: Instituto de Estudios Peruanos.

Burns, Kathryn

1991 "Apuntes sobre la economía conventual. El monasterio de Santa Clara del Cusco". *Allpanchis*, n.º 38: 67-95.

Bustamente y Rivero, José

1949 *Tres años de lucha por la democracia en el Perú*. Buenos Aires: Artes Gráficas Chiesino.

Caja de Depósitos y Consignaciones

1925 *Memoria*. Lima.

Camacho, Pánfilo

1938 *Estrada Palma: el gobernante honrado*. La Habana: Editorial Trópico.

Camprubí, Carlos

1957 *Historia de los bancos en el Perú (1860-1879)*. Lima: Lumen.

1960 *El Banco de la Emancipación*. Lima: P. L. Villanueva.

1968a *Caja de Ahorros de Lima: un siglo al servicio del ahorro (1868-1968)*. Lima: Sociedad de Beneficencia Pública de Lima.

1968b *Un siglo al servicio del ahorro: 1868-1968*. Lima: P. L. Villanueva.

Cariola, Carmen y Osvaldo Sunkel

1985 "The Growth of the Nitrate Industry and Socioeconomic Change in Chile, 1880-1930". En Roberto Cortes Conde y Shane Hunt. *The Latin American Economies: Growth and the Export*

Sector, 1880-1930. Nueva York: Holmes & Meier Publishers, pp. 137-254.

Castañeda Delgado, Paulino y Juan Marchena Fernández
1984 "Notas sobre la educación pública en Cuba. 1816-1863". *Jahrbuch für Geschichte*, n.º 2: 269.

Céspedes del Castillo, Guillermo
1947 *Lima y Buenos Aires: repercusiones políticas de la creación del Virreinato de La Plata*. Sevilla: EEH.

Chávez Rodríguez, Justo A.
1992 *Del ideario pedagógico de José de la Luz y Caballero (1800-1862)*. La Habana: Editorial Pueblo y Educación.

Cicarelli, Orazio
1988 "Fascist Propaganda and the Italian Community in Perú during the Benavides Regime, 1933-1939". *Journal of Latin American Studies*, n. º 20: 361-388.

1990 "Facism in Peru during the Benavides Regime, 1933-1939: The Italian Perspective". *Hispanic American Historical Review*, n.º 70: 403-432.

Cisneros, Carlos
1912 *Sinopsis estadística del Perú, 1908-1912*. Lima: Imprenta Unión.

Cisneros, Luis Benjamín
1939 *Obras completas*. Lima: Ed. Gil.

Coatsworth, John H.
1978 "Obstacles to Economic Growth in Nineteenth Century México". *American Historical Review*, vol. 83: 80-100.

1981 *Growth Against Development: The Economic Impact of Railroads in Porfirian Mexico*. DeKalb: Northern Illinois University Press.

Cobo del Prado, M. y Guillermo Garrido Lecca
1972 "Estudio piloto de activos y pasivos financieros en el Perú y sus interrelaciones sectoriales en el periodo 1965-1970". Simposio sobre el mercado de capitales en el Perú, Comisión Nacional de Valores, Lima.

Collier, David
1976 *Squatters and Oligarchs: Authoritarian Rule and Policy Change in Peru.* Baltimore: Johns Hopkins University Press.

Comisión del Sesquicentenario de la Independencia
1971-1981 *Colección documental del sesquicentenario de la independencia.* Lima.

Concejo Provincial de Lima
1870 *Datos e informes sobre las causas que han producido el alza de precios de los artículos de primera necesidad que se consumen en la capital.* Lima: Imprenta del Estado.

Cordero, María
1976 "Evolución financiera de México: porfiriato y revolución". *Revista Mexicana de Sociología,* vol. 38, n.º 2: 359-387.

Córdova y Urrutia, J. M.
1839 *Estadística histórica, geográfica, industrial y comercial de los pueblos que componen la provincia del departamento de Lima.* Lima: Imprenta de Instrucción Primaria.

Correa y Santiago, Pedro y José Payán
1892 *Informe en minoría de la comisión para el estudio de la depreciación en el valor de la moneda nacional de plata.* Lima.

Cortés Conde, Roberto y Shane Hunt
1985 *The Latin American Economies: Growth and the Export Sector, 1880-1930.* Nueva York: Holmes & Meier Publishers.

Costeloe, Michael
1986 *Response to Revolution: Imperial Spain and the Spanish American Revolutions, 1810-1840.* Cambridge: Cambridge University Press.

Cuchiarelli, Paolo
1973 *Futuro de la banca privada frente al crecimiento de la banca asociada.* Lima: Banco de Crédito del Perú.

Cushner, Nicholas
1980 *Lords of the Land: Sugar, Wine, and Jesuit Estates of Coastal Peru, 1600-1767.* Albany: Suny Press.

DANCUART, Emilio

1902 *Anales de la Hacienda Pública.* Lima: G. Stolte.

DAVIES, Keith A.

1976 "Tendencias demográficas urbanas durante el siglo XIX en México". En Woodrow Borah et ál. *Ensayos sobre el desarrollo urbano de México.* México D. F., pp. 131-174.

1984 *Landowners in Colonial Peru.* Austin: University of Texas Press.

DEAL, J. Michael

1976 *El Estado e inversión extranjera en el proceso de industrialización peruano.* Lima: CISE, pp. 13-15.

DEPARTAMENTO DE GUERRA DE LOS ESTADOS UNIDOS, OFICINA DEL DIRECTOR DEL CENSO DE CUBA (Lt. Col. J. P. SANGER, inspector general, director; Henry GRANNETT y Walter F. WILLCOX, expertos estadísticos)

1900 *Report afilie Census of Cuba, 1899.* Government Printing Office, Washington.

DEUSTUA, José

1986 *La minería peruana y la iniciación de la república, 1820-1840.* Lima: Instituto de Estudios Peruanos.

DÍAZ ALEJANDRO, C.

1982 "Latin America in the 1930's". 44 Congreso de Americanistas, Manchester.

DIEZ CANSECO, Octavio

1960 *De espaldas al desarrollo agrario peruano.* Lima: Imprenta Americana.

DIRECCIÓN GENERAL DEL BANCO ALEMÁN TRANSATLÁNTICO (DEUTSCHE UEBERSEEISCHE BANK, BERLÍN)

1911 *Memoria y balance.* Barcelona: López Robert.

DORE, Elizabeth

1988 *The Peruvian Mining Industry: Growth, Stagnation, and Crisis.* Boulder: Westview Press.

DRAKE, Paul

1989 *The Money Doctor in the Andes: The Kemmerer Missions, 1923-1933.* Durham: Duke University Press.

EDELSTEIN, Michael

1982 *Overseas Investment in the Age of High Imperialism: The United Kingdom, 1850-1914.* Nueva York: Columbia University Press.

EL PERÚ EN SU CENTENARIO

1921 *Informaciones mercantiles e industriales* Lima: Sanmarti y Ca.

ENGELSEN, Juan

1977 "Social Aspects of Agricultural Expansion in Coastal Perú". Tesis doctoral inédita. Los Angeles. University of California.

ESPINOSA RODRÍGUEZ, Ciro

1942 *La crisis de la segunda enseñanza en Cuba y su posible solución.* La Habana: Cultural, S. A.

EVANS, Peter

1979 *Dependent Development: The Alliance of Multinational, State and Local Capital in Brazil.* Princeton: Princeton University Press.

FERNÁNDEZ VALDÉS, Manuel

1906 *Motivos escolares.* La Habana: Rambla y Bouza.

FERNER, Anthony

1982 *La burguesía industrial en el desarrollo peruano.* Lima: ESAN.

FERRERO, Rómulo

1945 "El comercio en el Perú". En Darío Saint Marie, *El Perú en cifras.* Lima: Development, Austin, University of Texas Press, pp. 242- 343.

1946 *La política fiscal y la economía nacional.* Lima: Talleres gráficos de la Editorial Lumen.

FISHER, John

1977 *Silver Mines and Silver Mining in Colonial Peru, 1776-1824.* Liverpool: Centre for Latin American Studies.

1981 "Imperial 'Free Trade' and the Hispanic Economy, 1778-1796". *Journal of Latin American Studies,* vol. 13, n.° 1: 21-56.

1985a *Commercial Relations between Spain and Spanish America in the Era of Free Trade, 1778-1796.* Liverpool: Centre for Latin American Studies.

1985b "The Imperial Response to 'Free Trade': Spanish Imports from Spanish America, 1778-1796". *Journal of Latin American Studies*, vol. 17, n.° 1: 35-78.

FISHLOW, Albert
1985 "Lessons from the Past: Capital Markets during the Nineteenth Century and the Interwar Period". *International Organization*, n.º 39: 383-439.

FLORES-GALINDO, Alberto
1984 *Aristocracia y plebe: Lima, 1760-1830.* Lima: Mosca Azul.

FLORES-GALINDO, Alberto (comp.)
1983 *The Gold Standard, 1880-1914: Britain and Argentina.* Nueva York: Garland Publishing.

1985 "Notes on the Working of the Gold Standard Before 1914". En Barry Elchengreen (ed.). *The Gold Standard in Theory and Practice.* Londres: Longmans, pp. 141-165.

1987 *Independencia y revolución 1780-1840*, 2 vols. Lima: Instituto Nacional de Cultura.

FOX, Inman
1999 *La invención de España.* Madrid: Ediciones Cátedra.

FRITSCH, Winston
1988 *External Constraints on Economic Policy in Brazil, 1889-1930.* Londres: Macmillan.

FUCHS, Fernando
1920 *Prospecto para el establecimiento del Banco de la Nación.* Lima: Imprenta Torres Aguirre.

FUENTES, Manuel A.
1858 *Estadística general de Lima.* Lima: Tip. Nacional de M. N. Corpancho, por J. H. del Campo.

GALLEGO Y GARCÍA, Tesifonte
1890 *Cuba por fuera (apuntes del natural).* La Habana: La Propaganda Literaria.

Garland, Alejandro
1908 *Sistema monetario del Perú*. Lima: Imprenta La Opinión Nacional.

Garrido-Lecca, Guillermo y Gerald O'Mara
1974 *The Urban Informal Credit Market in a Developing Country Under Financial Repression: The Peruvian Case*. Austin: University of Texas Press.

Gibbs, Donald
1989 "The Economic Activities of Nuns, Friars, and their Conventos in Mid-Colonial Cuzco". *The Americas*, vol. 45: 343-362.

Giberga, Elíseo
1931 [1907] "Educación popular". *Obras de Elíseo Giberga. Estudios, artículos, entrevistas y manifiestos políticos*. Vol. 3. La Habana: Rambla, Bouza y Cía.

Godoy, Joaquín (ed.)
1890-1897 *Revista de cambios y valores*. Lima.

Goldsmith, Raymond
1966 *The Financial Development of Mexico*. París: OECD.

1969 *Financial Structure and Development*. New Haven: Yale University Press.

1985 *Comparative National Balance Sheets: A Study of Twenty Countries, 1688-1978*. Chicago: University of Chicago Press.

1987 *Premodern Financial Systems: A Historical Comparative Study*. Cambridge: Cambridge University Press.

Goodsell, Charles
1974 *American Corporations and Peruvian Politics*. Cambridge: Harvard University Press.

Gonzales, Michael
1985 *Plantation Agriculture and Social Control in Northern Peru, 1875-1932*. Austin: Texas University Press [existe edición en castellano del Instituto de Estudios Peruanos-Banco Central de Reserva del Perú, 2016].

Gonzales de Olarte, Efraín
1982 *Economías regionales del Perú*. Lima: Instituto de Estudios Peruanos.

González de los Ríos, Pelayo
1865 *Ensayo histórico-estadístico de la instrucción pública en la isla de Cuba*. La Habana: Imp. del Tiempo.

González del Valle, Francisco (comp.)
1931 *José de la Luz y Caballero como educador*. La Habana: Cultural.

Goodhart, C.
1988 *The Evolution of Central Banks*. Cambridge: MIT Press.

Gootenberg, Paul
1981 "Artisans and Merchants: The Making of an Open Economy in Lima, Perú, 1830-1860". Tesis de M. Phil., inédita. Oxford University Press.

1989 *Between Silver and Guano: Commercial Policy and the State in Postindependence Perú*. Princeton: Princeton University Press.

Guerra y Sánchez, Ramiro
1952 *Martí en las primeras décadas de la escuela primaria republicana. Discurso leído por el académico de número en la sesión conmemorativa del nacimiento de José Martí*. La Habana: Academia de la Historia-Imprenta El Siglo XX.

1955 *La educación primaria en el siglo XX. Proceso histórico de la misma en Estados Unidos de América, Gran Bretaña y Cuba*. La Habana: Biblioteca Cubana de Educación.

Haitin, Marcel
1983 "Late Colonial Lima: Economy and Society in a Era of Reform and Revolutions". Tesis doctoral inédita. Berkeley: University of California.

1990 "Carneros y Chuño: Price Levels in Nineteenth Century Perú". *Hispanic American Historical Review*, vol. 70: 1-56.

Hamnett, Brian
1978 *Revolución y contrarrevolución en México y el Perú (liberalismo, realeza y separatismo 1800-1824)*. México D. F.: Fondo de Cultura Económica.

1990 "Church Wealth in Perú: Estates and Loans in the Archdiocese of Lima in the Seventeenth Century". *Jahrbuch fur Gescbkhte Lateinamerikas*, vol. 10: 113-132.

HANNA, Mathew E., Commissioner of Public Schools, Cuba
1902 *First Annual Report of the Commissioner of Public Schools together with the Annual Report of the Provincial Superintendencies and others 1900-1901*, vol. II (edición bilingüe). La Habana: Rambla y Bouza.

HARVEY, Héctor
1936 "El Banco Agrícola del Perú". *La Vida Agrícola*, vol. 13, n.º 152.

HERNÁNDEZ, José M.
1993 *Cuba and the United States: Intervention and Militarism, 1868-1933*. Austin: University of Texas Press.

HERNÁNDEZ, Ulpiano Vicente
1992 *D. Rafael Ma. de Labra y Cadrana, reformador de la educación nacional*. Granada: Universidad de Granada.

HILL, A. J.
1923 *Report on the Finance, Industry and the Trade of Peru* (fechado septiembre de 1922). U. K. Department of Overseas Trade. Londres: H. M. S. O.

HOOPER LÓPEZ, Rene
1964 *Leguía: ensayo bibliográfico*. Lima: Ediciones Peruanas.

HOPKINS, Raúl
1981 *Desarrollo desigual y crisis en la agricultura peruana 1944-1969*. Lima: Instituto de Estudios Peruanos.

HUNT, Shane J.
1973a "Growth and Guano in Nineteenth Century Perú". Discussion Paper, n.° 34, Woodrow Wilson School, Princeton University.

1973b "Price and Quantum Estimates of Peruvian Exports, 1830-1962". Discussion Paper, n.° 33, Woodrow Wilson School, Princeton University.

1980 "Evolución de los salarios reales en el Perú: 1900-1940". *Economía*, n.º 3: 83-123.

1985 "Growth and Guano in Eighteenth Century Perú". En R. Cortés Conde y S. Hunt. *The Latin American Economies: Growth and the Export Sector, 1880-1930.* Nueva York: Holmes & Meier, pp. 255-319 [existe edición en castellano del Instituto de Estudios Peruanos-Banco Central de Reserva del Perú, 2011].

Informaciones mercantiles e industriales

1921 *El Perú en su centenario.* Lima: Sanmartí.

Inspección Fiscal de Bancos

1921-1930 *Informe.* Lima.

Inspección Fiscal de Compañías de Seguros

1903 *Memoria del director en 1902.* Lima.

Jacobsen, Nils

1982 "Land Tenure and Society in the Peruvian Altiplano: Azángaro Province, 1770-1920". Tesis doctoral inédita. Berkeley: University of California.

Jacobsen, Nils y Hans-Jürgen Puhle (eds.)

1986 *The Economies of Mexico and Peru During the Late Colonial Period, 1760-1810.* Berlín: Coloquium Verlag.

Jelicic, Jorge

1947 "La Memoria del Banco de Reserva y la situación económica del Perú". *Mercurio Peruano*, n.º 242: 254-268.

Junta de Superintendentes de la Isla de Cuba

1901 *Cursos de estudios y métodos de enseñanza para las escuelas públicas.* La Habana.

Kindleberger, Charles

1974 *The Formation of Financial Centers: A Study in Comparative Economic History.* Princeton: International Finance Section, Princeton University.

Klarén, Peter

1973 *Modernisation, Dislocation, and Aprismo: Origins of the Peruvian Aprista Party, 1870-1932.* Austin: University of Texas Press [existe edición en castellano del Instituto de Estudios Peruanos, 2016].

Klarén, Peter y Thomas Bossert
1986 *Promise of Development: Theories of Change in Latin America.* Boulder: Westview Press.

Klinge, Gerardo
1935 "Política de Irrigación". *La Vida Agrícola*, vol. 13, n.º 137.

1945 "La agricultura en el Perú". En Darío Saint Marie. *El Perú en cifras.* Lima: Development, Austin, University of Texas Press, pp. 73-75.

Leff, Nathaniel
1976 "Capital Markets in the Less Developed Countries: The Group Principles". En Ronald McKinnon (ed.). *Money and Finance in Economic Growth and Development.* Nueva York: M. Dekker.

Leguía, Augusto B.
1936 *El oncenio y la Lima actual: memorias completas del Presidente Leguía "Yo tirano, yo ladrón".* Lima.

Leubel, Alfredo
1861 *El Perú en 1860 o sea anuario nacional.* Lima: Impr. del Comercio.

Lough, William
1915 Baking Opportunities in South America, U. S. Department of Commerce, Special Agents Series, n.º 106, Washington, GPO.

Low, Alaine
1976 "The Effects of Foreign Capital on Peruvian Entrepreneurship". B. Phil. Tesis doctoral, Oxford University Press.

Ludlow, Leonor y Carlos Marichal
1986 *Banca y poder en México, 1800-1925.* México D. F.: Grijalbo.

Macera, Pablo
1977 *Trabajos de historia*, 4 vols. Lima: Instituto Nacional de Cultura.

Mackaman, Frank H.
1977 "United States Loan Policy, 1920-1930: Diplomatic Assumptions, Governmental Policies, and Conditions in Peru and Mexico". Tesis de doctorado, University of Missouri.

MALLON, Florencia

1983 *The Defense of Community in Peru's Central Highlands: Peasant Struggle and Capitalist Transition: 1860-1940.* Princeton: Princeton University Press.

MALPICA, Carlos

1977 *El mito de la ayuda exterior*. Lima: F. Moncloa.

MARICHAL, Carlos

1988 *Historia de la deuda externa de América Latina*. Madrid: Alianza Editorial.

1989 *A Century of Debt in Latin America: From Independence to the Great Depression, 1820-1930.* Princeton: Princeton University Press.

MARTÍ, José

1935 *Educación*. La Habana: Cultura S. A.

MARTÍNEZ LÓPEZ CANO, Ma. del Pilar

1995 *Iglesia, Estado y economía: siglos XVI al XIX*. México D. F., UNAM, Instituto de Investigaciones Doctor José María Luis Mora.

MARTÍNEZ Y DÍAZ, José F.

1943 *Historia de la educación en Cuba desde el descubrimiento hasta nuestros días y causas de su fracaso.* Pinar del Río: Imp. Casa Villalba.

MATHEW, W. M.

1970 "The First Anglo-Peruvian Debt and Its Settlement, 1822-49". *Journal of Latin American Studies*, n.º 2: 81-98.

1981 *The House of Gibbs and the Peruvian Guano Monopoly*. Londres: Royal Historical Society [existe edición en castellano del Instituto de Estudios Peruanos - Banco Central de Reserva, 2009].

MAYER, Dora

1906 "Moralidad en los negocios". *La Gaceta Comercial*, vol. 6, n.º 123.

MCKINNON, Ronald

1973 *Money and Capital in Economic Development*. Washington: Brookings Institution.

MELLER, Ignacio

1931 *Patrón de oro o bimetalismo: ensayo sobre aspectos nuevos de un problema antiguo.* Lima: Imprenta Gil.

MEZA, Ramón

1908 *La educación en nuestro medio social.* La Habana: Imprenta El Avisador Comercial.

MILLER, Rory

1976a "Railways and Economic Development in Central Peru, 1890-1930". Rory Miller et ál. *Social and Economic Change in Modern Peru.* Liverpool: Centre for Latin American Studies, pp. 27-52.

1976b "The Making of the Grace Contract: British Bondholders and the Peruvian Government, 1885-1890". *Journal of Latin American Studies*, vol. 8, n.º 1: 73-100.

MINISTERIO DE ULTRAMAR DE ESPAÑA

1873 *Cuba desde 1850 a 1873. Colección de informes, memorias, proyectos y antecedentes sobre el gobierno de la isla de Cuba relativos al citado periodo que ha reunido por comisión del Gobierno D. Carlos de Sedano y Cruzat, ex-diputado a Cortes.* Madrid: Imprenta Nacional.

MOLINA MARTÍNEZ, Miguel

1986 *El Real Tribunal de Minería de Lima (1785-1821).* Sevilla: Diputación Provincial de Sevilla.

MONTOYA, Rodrigo

1980 *Capitalismo y no capitalismo en el Perú: un estudio histórico de su articulación en un eje regional.* Lima: Mosca Azul Editores.

MOORES, O. Ernest

1963 *Evolución de las instituciones financieras en México.* México D. F.: Centro de Estudios Monetarios Latinoamericanos.

MOREYRA PALACIOS, Carlos

1983 *La deuda anglo-peruana 1822-1890.* Lima: Studium.

MORRIS, Cynthia T.

1984 "The Measurement of Economic Development: Quo Vadis?". en Gustav Ranis, et ál. (eds.). *Comparative Development Perspectives.* Boulder: Westview Press.

Muñoz, Juan Guillermo y Claudio Robles Ortiz
1992 "El censo como mecanismo crediticio. El convento de La Merced y la expansión económica de la región de La Serena en el siglo XVIII". *Dimensión Histórica de Chile*, vol. 9: 47-68.

1993 "Capitales provenientes de censos y capellanías y el desarrollo productivo en Chile colonial". *Contribuciones Científicas y Tecnológicas*, n.º 98: 1-12.

Newland, Carlos
1991 "La educación elemental en Hispanoamérica: desde la independencia hasta la centralización de los sistemas educativos nacionales". *Hispanic American Historical Review*, vol. 71, n.º 2: 335-373.

Nieto, Armando
1960 *Contribución a la historia del fidelismo en el Perú (1808-1810)*. Lima: Instituto Riva-Agüero.

North, Douglas
1981 *Structure and Change in Economic History*. Nueva York: W. W. Norton.

1993 *Institutions. Transaccion Costs and Productivity in the Long Run*. St. Louis: Washington University.

Nsouli, Saleh
1977 "Exchange Rate Policies for Developing Countries". *Journal of Development Studies*, n.º 13: 125-143.

Núñez, Clara Eugenia
1992 *La fuente de la riqueza. Educación y desarrollo económico en la España contemporánea*. Madrid: Alianza Editorial.

Oficina de Periodismo
1921 *Guía comercial e industrial del Perú*. Lima: Emprese Tip. Unión.

Olivares, Rubén L.
1923 *El negocio del dinero y la usura*. Lima: Sanmartí.

O'Mara, Gerald
1974 *The Urban Informal Credit Market in a Developing Country Under Financial Repression: The Peruvian Case*. Austin: Institute of Latin American Studies, University of Texas.

Ordóñez, Mario B.
1963 *La técnica y la práctica en la banca peruana*. Lima: Imprenta de la Universidad Nacional Mayor de San Marcos.

Pacheco Vélez, César
1957 "El Tribunal del Consulado y la emancipación del Perú". *Cuadernos de Información Bibliográfica*, n.° 1: 6-14.

Palacios Moreyra, Carlos
1983 *La deuda anglo-peruana 1822-1890*. Lima: Studium.

Pando, José María
1833 *Reclamación de los vulnerados derechos de los hacendados de las provincias litorales del departamento de Lima*. Lima: J. M. Concha.

Parodi, Carlos
1990 "Democracy and Structural Reforms: The Nationalization of the Private Financial System in Perú During President Alan García". Trabajo presentado a LASA. Washington.

Parró, Alberto
1945 "Perú en cifras". En Dario Saint Marie (ed.). *Perú en cifras*. Lima: Editorial Internacional, pp. 53-54.

Payán, José
1892 *La cuestión monetaria en el Perú*. Lima: Imp. de Torres Aguirre.

Pérez, Louis A.
1995 "Imperial Design: Politics and Pedagogy in Occupied Cuba, 1899-1902". *Cuban Studies/Estudios Cubanos*, vol. 12, n.º 2: 1-20.

Pérez Cantó, María del Pilar
1985 *Lima en el siglo XVIII*. Madrid: Universidad Autónoma de Madrid, Cantoblanco.

Perú, Cámara de Diputados
1921 *Dictamen de la comisión parlamentaria investigadora de la Compañía Recaudadora de Impuestos*. Lima: Imprenta T. Scheuch.

Perú, Ministerio de Fomento
1902 *La crisis del azúcar: informe de la comisión oficial*. Lima: Imp. Torres Aguirre.

Perú, Ministro de Hacienda
1941 *Memoria*. Lima.

1946 *Memoria*. Lima.

Pichardo, Hortensia
1979 *Biografía del Colegio de San Cristóbal de La Habana*. La Habana: Editorial Academia.

Pinelo, Adalberto
1973 *The Multinational Corporation as a Force in Latin American Politics: A Case Study of the International Petroleum Company in Peru*. Nueva York: Praeger.

Platt, D. O. M.
1972 *Latin America and British Trade 1806-1914*. Londres: Adam & Charles Black.

Portocarrero, Felipe
1986 El Imperio Prado (1890-1970): orígenes, auge y decadencia de un grupo económico familiar. Tesis de magíster: Lima: Pontificia Universidad Católica del Perú.

Portocarrero, Felipe, Arlette Beltrán y Alex Zimmerman
1988 *Inversiones públicas en el Perú (1900-1968): una aproximación cuantitativa*. Lima: Universidad del Pacífico.

Portocarrero, Gonzalo
1982 "La oligarquía frente a la reivindicación democrática (las opciones de la derecha en las elecciones de 1936)". *Apuntes*, n.º 12: 61-73.

1983 *De Bustamante a Odría: el fracaso del Frente Democrático Nacional 1945-1950*. Lima: Mosca Azul Editores.

Poyo, Gerald
1989 *"With Ali, and For the Good of Ali": The Emergence of Popular Nationalism in the Cuban Communities of the United States, 1848-1898*. Durham: Duke University Press.

Prados de la Escosura, Leandro
1982a "Comercio exterior y cambio económico en España (1792-1849)". En J. Fontana (ed.). *La economía española al final del*

Antiguo Régimen. Vol. 3, Comercio y colonias. Madrid: Alianza Editorial, Banco de España, pp. 171-249.

1982b "La independencia hispanoamericana y sus consecuencias económicas en España: una estimación provisional". *Moneda y Crédito*, n.° 163: 49-69.

QUIROZ, Alfonso W.

1986 "Financial Institutions in Peruvian Export Economy and Society, 1884-1930". Tesis doctoral. Columbia University.

1987a "Estructura económica y desarrollos regionales de la clase dominante, 1821-1850". En Alberto Flores-Galindo (ed.). *Independencia y revolución*. Lima: Instituto Nacional de Cultura, pp. 201-267.

1987b *La deuda defraudada: consolidación de 1850 y dominio económico en el Perú*. Lima: Instituto Nacional de Cultura, Editorial y Productora Gráfica Nuevo Mundo.

1989 *Banqueros en conflicto: estructura financiera y economía peruana, 1884-1930*. Lima: Centro de Investigación de la Universidad del Pacífico.

1993 *Deudas olvidadas. Instrumentos de crédito en la economía colonial peruana 1750-1820*. Lima: Pontificia Universidad Católica.

1994 "Reassessing the Role of Credit in Late Colonial Perú: Censos, Escrituras, and Imposiciones". *Hispanic American Historical Review*, vol. 90: 193-230.

1998 "Loyalist Overkill: The Socioeconomic Costs of Repressing the Separatist Insurrection in Cuba, 1868-1878". *Hispanic American Historical Review*, vol. 78, n.º 2: 261-305.

RAMÍREZ, Elia

1985 *Estadísticas boticarias: promedios anuales de los balances mensuales de los bancos mexicanos, 1822-1910*. México D. F.

RAMÍREZ, Susan E.

1986 *Provincial Patriarchs: Land Tenure and the Economics of Power in Colonial Peru*. Albuquerque: University of New Mexico Press.

Ramírez Gastón, José
1904 *Sociedades de crédito agrícola mutual.* Lima.

1964 *Medio siglo de la política económica y financiera del Perú.* Lima.

Read, Gerald H.
1950 "Civic-Military Rural Education in Cuba: Eleven Eventful Years (1936-46)". Tesis de doctorado. Ohio State University.

Regalado, Liliana y María Salinas
1973 "Apuntes sobre la actitud del consulado limeño en la etapa emancipadora". En *Quinto Congreso Internacional de Historia de América, Lima, Comisión del Sesquicentenario*, vol. 3, pp. 271-291.

Reynolds, Clark
1973 "Flow of Funds: The Use of the Flow of Funds Analysis in the Study of Latin American Capital Market Development". En Organización de Estados Americanos, Capital Markets Development Program, III Reunión Anual, México.

Riley, James
1980 *International Government Finance and the Amsterdam Capital Market 1740-1815.* Cambridge: Cambridge University Press.

Rivero, Mariano y Nicolás de Piérola
1828 *Memorial de ciencias naturales y de industria nacional y extranjera*, 2 vols. Lima: Imprenta de Instrucción Primaria.

Roberts, Bryan
1976 "The Social History of a Provincial Town: Huancayo, 1890-1972". En Rory Miller et ál. Centre for Latin Studies, Monograph Series n.º 6.

Roca, Benjamín
1918 *Opiniones sobre el problema del cambio*. Lima: Imp. Gil.

Rodil, José Ramón
1955 *Memoria del sitio del Callao*. Sevilla: EEH.

Rodríguez, Jorge y William McGreevey
1970 "Colombia: comercio exterior, 1835-1962". En M. Urrutia y M. Arrubia. *Compendio de estadísticas históricas.* Bogotá: Dirección de Divulgación Cultural, Universidad Nacional de Colombia.

Rodríguez, José
1887 *El billete fiscal.* Lima: Imp. Torres Aguirre.

Rodríguez Casado, Vicente y J. A. Calderón Quijano (eds.)
1944 *Memorias del gobierno del virrey Abascal, 1806-1816,* 2 vols. Sevilla: EEH.

Roemer, Michael
1970 *Fishing for Growth: Export-Led Development in Perú, 1950-1967.* Cambridge: Harvard University Press.

Roigde Leuchsenring, Emilio et ál.
1941 *Por la escuela cubana en Cuba Libre. Trabajos, acuerdo y adhesiones de una campaña cívica y cultural.* La Habana.

Romero, Emilio
1939 "La vida financiera en el Perú desde el año 1884". *Revista de la Facultad de Ciencias Económicas,* vol. 14: 348-428.

1945 "La evolución económica en el Perú". En Darío Saint Marie. *El Perú en cifras.* Lima: Development, Austin, University of Texas Press, pp. 17-22.

Rose, Peter
1987 *The Changing Structure of American Banking.* Nueva York: Columbia University Press.

Saint Marie, Darío
1945a *El Perú en cifras.* Lima: Development, Austin, University of Texas Press.

1945b *Perú en cifras.* Lima: Editorial Internacional.

Sánchez Albavera, Fernando
1981 *Minería, capital transnacional y poder en el Perú.* Lima: Desco.

Sigmund, Paul E.
1980 *Multinationals in Latin America: The Politics of Nationalization.* Madison: University of Wisconsin Press.

Sims, Harold Dana
1990 *The Expulsion of Mexico's Spaniards 1821-1836.* Pittsburgh: University of Pittsburgh Press.

SOLÍS, Leopoldo
1970 *La realidad económica mexicana: retrovisión y perspectivas.* México D. F.: Siglo Veintiuno Editores.

SOLÍS, Leopoldo y Dwight S. BROTHERS
1966 *Mexican Financial Development.* Austin: University of Texas Press.

SUÁREZ, Germán y Mario TOVAR
1967 *Deuda pública externa, 1920-1966.* Lima: BCRP.

SUÁREZ, Margarita
1993 "El poder de los velos: monasterios y finanzas en Lima, siglo XVII". En Patricia Portocarrero Suárez. *Estrategias de desarrollo: intentando cambiar la vida.* Lima: Flora Tristán Ediciones, pp. 165-174.

SUPERINTENDENCIA DE BANCOS
1931-1969 *Memoria y estadística bancaria.* Lima.

1954-1940 *Memoria.* Lima

1931-1966 *Situación de las empresas bancarias.* Lima.

1931-1945 *Situación de las empresas bancarias del Perú.* Lima.

1968-1988 *Memoria.* Lima.

STALLINGS, Barbara
1987 *Banker to the Third World: U. S. Portfolio Investment in Latin America, 1900-1986.* Berkeley: University of California Press.

TAMAGNA, Frank
1965 *Central Banking in Latin America.* México D. F.: Cemla.

TAMAYO HERRERA, José
1981 *Historia social del Cuzco republicano.* Lima: Editorial Universo.

TANDETER, Enrique
1991 "Crisis in Upper Peru, 1800-1805". *Hispanic American Historical,* vol. 71: 35-71.

TANDETER, Enrique, Luis ACOSTA y Vilma MILLETICH
1991 "Trade and Prices in Potosí (Bolivia), 1780-1810". Economic History Workshop, University of Chicago (mimeo).

TANDETER, Enrique y Nathan WACHTEL
1983 *Precios y producción agraria: Potosí y Charcas en el siglo XVIII.* Buenos Aires: Cedes.

TEPASKE, John J. y Herbert S. KLEIN
1982 *The Royal Treasures of the Spanish Empire in America,* 3 vols. Durham: Duke University Press.

THORP, Rosemary
1972 "La función desempeñada por las instituciones financieras en el proceso de ahorro peruano, 1960-1969". Simposio sobre el mercado de capitales en el Perú, Comisión Nacional de Valores, Lima.

THORP, Rosemary y Geoffrey BERTRAM
1978 *Perú 1890-1977: Growth and Policy in an Open Economy.* Nueva York: Columbia University Press.

The West Coast Leader. Lima. 1920-1930

TIPTON, Frank
1976 *Regional Varialions in the Economic Development of Germany During the Nine-teenth Century.* Middletown: Wesleyan University Press.

TOPIK, Steven
1987 *The Political Economy of the Brazilian State.* Austin: Texas University Press.

TORRES, José
1899 *Carta abierta al honorable Mr. Brooke.* La Habana: Imprenta La Habanera.

UGARTE, César
1926 *Bosquejo de la historia económica del Perú.* Lima: Imp. Cabieses.

UGARTECHE, Pedro
1930 *La política internacional peruana durante la dictadura de Leguía.* Lima: Imp. C. A. Castrillón.

Ureta, Alberto
1884 *La moneda de plata y el billete fiscal.* Lima: El Nacional.

Urrutia, M. y M. Arrubia
1970 *Compendio de estadísticas históricas.* Bogotá: Dirección de Divulgación Cultural, Universidad Nacional de Colombia.

U. S. Department of State
1936 Papers Relating to the Foreign Relations of the United States, 1921, Washington, D. C., GPO.

Varona, Enrique
1901 *Report of Enrique José Varona. Secretary of Public Instruction.* La Habana.

Varona, Enrique et ál.
1904-1911 *Manual o guía para los exámenes de maestros cubanos, conforme al programa oficial acordado por la Junta de Superintendentes de Escuelas Públicas de la Isla de Cuba, en 25 de noviembre de 1903,* 5 vols. La Habana: La Moderna Poesía.

Vernon, Raymond
1977 *Storm over Multinationals.* Cambridge: Harvard University Press.

Villoldo Bertan, Julio
1914 "Necesidad de colegios cubanos. El genio de dos pueblos. La escuela laica". En *Cuba contemporánea.* La Habana.

Von Wobeser, Gisela
1994 *El crédito eclesiástico en la Nueva España, siglo XVIII.* México D. F.: UNAM.

Weaver, Frederick S.
1977 "Neo-Classical Theory, Dependency Theory and the Staple Theory". Occassional Papers Series num. 7, Amherst, University of Connetticut.

1980 *Class, State, and Industrial Structure: The Historical Process of South American Industrial Growth.* Westport: Greenwood Press.

Wilson, Darrell
1934 *Economic Conditions in Peru* (fechada en agosto de 1924). U. K. Department of Overseas Trade. Londres: H. M. S. O.

WILSON, Fiona
1987 "The Conflict Between Indigeneous and Immigrant Commercial Systems in the Peruvian Central Sierra, 1900-1940". En Rory Miller et ál. *Region and Class in Modern Peruvian History.* Manchester: University of Liverpool.

WISE, Carol
1988 "Peru's Heterodox Experiment: Domestic Response to International Economic Crisis". Occassional Papers, n.º 5, Nueva York, Columbia-NYU.

WITT, Heinrich
1987 *Diario y observaciones sobre el Perú* (1824-1890). Lima: Cofide.

WU, Celia
1991 *Generals and Diplomats: Great Britain and Peru 1820-1840.* Cambridge: Centre of Latin American Studies.

YEPES, Ernesto
1972 *Perú 1820-1920: un siglo de desarrollo capitalista.* Lima: Instituto de Estudios Peruanos.

YRIGOYEN, Manuel
1928 *Bosquejo sobre los empréstitos contemporáneos del Perú.* Lima: Sanmartí.

ZABLUDOWSKI, Jaime
1984 "Money. Foreign Indebtedness and Export Performance in Porfirist Mexico". Tesis de doctorado. Yale University.

Made in the USA
Monee, IL
19 October 2026

66035231R00125